À QUOI RÊVENT LES HOMMES ?

Sous la direction de

RENÉ FRYDMAN

MURIEL FLIS-TRÈVES

À QUOI RÊVENT LES HOMMES ?

COLLOQUE

GY*nécologie* VI
PSY*chologie*

Avec Henri Atlan, Jean-Claude Ameisen, Diana Bouhsira, Jean-Paul Carminati, Jean-Loup Clément, Boris Cyrulnik, Irène Diamantis, Sylviane Giampino, Christophe Girard, Bernard Golse, Philippe Grimbert, Serge Hefez, André Rauch, Jacqueline Remy

Odile Jacob

15, rue Soufflot, 75005 Paris

www.odilejacob.fr

ISBN : 2-7381-1847-X

MAIS…
À QUOI RÊVENT LES HOMMES[1] ?

par Muriel FLIS-TRÈVES

Depuis plusieurs années, dans ma pratique de psychiatre et psychanalyste à l'hôpital, de Tenon à Béclère, j'ai pris le parti de m'intéresser aux femmes, d'écouter leurs mots et leurs désirs, leurs fantasmes, leurs revendications, leurs pleurs, leurs silences et leurs doutes. Mais pas à n'importe quel moment de leur vie : à celui, précisément, où émerge dans leur existence, parfois brutalement, la perspective de la maternité. De la naissance du désir d'enfant à sa sortie du ventre maternel, en passant par la découverte d'une stérilité, l'aide à la procréation, le recours au don d'ovocytes, parfois aussi au diagnostic préimplantatoire, à l'avortement (thérapeutique ou non) ou à la réduction embryonnaire : ces progrès ont suscité de nombreux bouleversements au sein du couple et au-delà, dans les rapports entre les sexes.

1. Je tiens à remercier Olivia Benhamou, auteur de *Avorter aujourd'hui* (Mille et Une Nuits, 2005).

La femme, dans le cas de la procréation médicalement assistée, se trouve confrontée à l'incertitude sur sa capacité à devenir mère et revendique l'attention la plus totale de son partenaire pour ce qu'elle traverse. Bien sûr, la donne change selon qu'il s'agit d'une stérilité féminine ou masculine ; la culpabilité change de camp. La difficulté d'admettre le recours à des gamètes « étrangers » est également partagée par les deux sexes... Mais, de stimulations ovariennes en inséminations artificielles ou en FIV, c'est le corps des femmes qui est assujetti à une succession d'épreuves difficiles ; celui de l'homme, lui, en est totalement exclu. Sa participation concrète se résume au recueil de sa semence. Alors, pour compenser, il est souvent sommé de prendre (sa) part à l'accouchement et à toutes les affres de la grossesse qui l'ont précédé.

Or cette inégalité biologique s'accompagne d'une inégalité psychique face au désir d'enfant, puis à son arrivée. La réalité tangible n'est, à l'évidence, ni perçue ni vécue de la même façon. Et c'est à moi qu'il revient de recueillir les impressions des femmes et leurs reproches adressés à l'absent : « Il n'est pas là, quand il faut faire les prises de sang à 8 heures du matin, les échographies quotidiennes, supporter les ponctions ovariennes, les amniocentèses ; ce n'est pas lui qui subit une grossesse de triplés ; ce n'est pas lui qui vomit, à qui le ventre pèse, qui saigne, qui a des sautes d'humeur... »

Et pour cause, ce n'est pas dans son corps, ni dans sa chair que tout cela se passe. Face à ce discours, chaque fois inédit et pourtant toujours univoque, face à ces paroles qui résonnent dans la solitude de notre tête-à-tête, je m'interroge.

Si leur corps reste étranger à tous ces processus, qu'en est-il de l'esprit des hommes ? Quel degré d'empathie peuvent-ils manifester vis-à-vis de leur compagne, sans renoncer à leur propre identité ? Parfois, les couples viennent ensemble à ma consultation, mais, le plus souvent, les hommes s'effacent derrière leur femme. Ou bien alors, ils se placent du point de vue de l'enfant à naître. Comme ce futur père de triplés qui, dans son désir de « paternité patriarche », plaidait pour conserver les trois embryons, indépendamment du corps de sa compagne. Elle réclamait une réduction embryonnaire, au nom de l'angoisse que lui causait l'idée d'une telle grossesse. L'homme s'exprime aussi parfois en tant que père à venir : il est alors à la fois émouvant et agaçant dans son fantasme narcissique, qui espère fébrilement que ce soit un garçon. Comme ce père de cinq filles qui déclara un jour à sa benjamine qu'elle seule avait vraiment été désirée… bien qu'elle ait été, elle aussi et une fois encore, de sexe féminin. Mais d'eux-mêmes, de leurs émotions, de leurs rêves et de leurs cauchemars, de leur crainte de l'échec ou de leur envie de tout abandonner parfois, quand la tension est trop pesante, quand la FIV échoue une fois de plus, ils ne disent rien, ou si peu. Un voile de pudeur semble recouvrir leurs émotions.

Je me garderai pourtant de réduire ce silence à de l'indifférence.

Alors, face à ce continent méconnu, des questions s'imposent. Ces questions sont peut-être naïves, mais ce sont celles que se posent les femmes, dans l'antichambre de leur grossesse. Et aujourd'hui, l'occasion est trop belle pour moi d'en savoir plus. C'est de leur bouche que j'aimerais entendre les hommes me dire à quoi ils rêvent... et riposter aux questions recueillies auprès de celles qui partagent leur vie.

Comment imaginez-vous que votre femme vit sa grossesse, son désir d'enfant, sa stérilité ?

Aimeriez-vous vivre une grossesse dans votre corps et pouvoir faire l'expérience de l'accouchement ?

Que représente pour vous le fait de devenir père ? Comment le père naît en vous ? La paternité est-elle, pour vous, invention ou reproduction d'un modèle connu dans l'enfance ?

Mais aussi, comment vivez-vous le test de paternité par ADN ? Qu'a changé pour vous la garde partagée en cas de divorce ? À quoi vous renvoie l'homoparentalité ? Entre paternité sociale et paternité biologique, où est le père ? qui est le père ?

À quoi rêvez-vous ?

Vous rêvez-vous encore dominateurs, autoritaires, protecteurs, distants de votre progéniture, vous exprimant dans l'action, alors que vous êtes pris dans une évolution irrémédiable qui bouleverse vos références habituelles ?

Des essais, des romans et des films rendent compte de cette nouvelle donne ; beaucoup insistent sur les défaillances de la figure paternelle. Et montrent tour à tour, un jeune géniteur éberlué d'être père dans *L'Enfant* des frères Dardenne ; un père apprenant subitement sa paternité au crépuscule de sa vie par une lettre anonyme dans *Broken Flowers* de Jim Jarmush ; un père qui découvre avec effroi qu'il devient le père qu'il a détesté lorsqu'il était enfant, dans *Les Lois de la famille* de Daniel Burman ; ou encore un père qui tente de prévenir et de combler tous les manques de son fils dans *Papa* de Maurice Barthélemy. Côté roman, Nicolas Fargues dans *J'étais derrière toi*, interroge avec violence la virilité de son personnage : fragilisé, humilié, désarmé, pitoyable, l'homme reste-t-il un mâle ? Le romancier et psychanalyste Philippe Grimbert déroule l'histoire d'*Un secret* et de sa transmission dans la filiation. Enfin, *Descendances* de Jean-Paul Carminati plonge dans les méandres de la paternité désirée en mettant en scène un homme qui découvre sa stérilité. Tout cela n'est-il que fiction ou bien réalité ?

Défaillances, manques, absences, autant de reproches cruels adressés aux hommes. Comment pourraient-ils se sortir de ce malaise sinon en inventant une place rien qu'à eux ? La place dont ils rêvent.

QU'EST-CE QU'UN FILS ?

par Irène DIAMANTIS

Puisque j'ai l'honneur d'inaugurer ces journées, comment répondre, en tant que psychanalyste, à une telle question : qu'est-ce qu'un homme ? Si ce n'est à commencer par en poser une autre, comme on m'a appris à le faire dans le cas de questions déplacées ou sans réponse plausible d'où le titre de mon intervention : qu'est-ce qu'un fils ?

Du point de vue du psychanalyste, je ne pourrai que vous livrer des complications supplémentaires, alors que la littérature, le cinéma et d'autres disciplines peuvent le faire avec plus de pertinence. Pour l'analyste que je suis à la suite de Freud et de Lacan, la clinique psychanalytique reste une affaire de structure (névrose/perversion/psychose) de position subjective du sujet par rapport à un ordre du discours et non directement une affaire de sexe. Souvent « homme varie » et, pour entrer dans la conception freudienne, il nous faut abandonner l'idée d'une sexualité préexistante dans l'inconscient. Le masculin et le féminin ne sont pas différenciés dans l'inconscient, de même que dans la logique du rêve, on peut être un : homme et femme, en Chine et en France, le rêveur n'a cure de cette absurdité. Une partie de notre psychisme l'accepte sans crier gare. Il en va de même pour ce qui concerne la différence sexuelle, elle peut être reconnue ou non selon les différentes strates de la structure psychique du sujet. Une partie accepte cette non-exclusion de l'un ou de l'autre. Pour simplement faire avancer la question, je me référerai à trois points qui s'inscrivent dans l'histoire de la découverte freudienne et lacanienne.

L'appareil pulsionnel dans la proximité du premier lien, hors langage, qui, dans le rapport à l'autre, se voit substituer à la différence sexuelle : c'est avec cet appareillage de jouissance primaire hors système cognitif que le sujet humain devra négocier pour appréhender ce que se déclarer homme ou femme peut signifier et dans quelle procédure de subjectivation, ce dire se trouve pris.

La genèse du complexe d'Œdipe. D'où vous remarquerez qu'il n'est question que de mère, de père, de fils et de fille. Mythe, en tant qu'il apporte sur un mode épique une réponse à ce qu'il en est de la structure et de la constitution du sujet.

L'être parlant. Ce n'est pas le sexué qui fait la différence, le sujet humain contrairement aux autres mammifères se déduit du langage même s'il est pris dans un corps. Autrement dit, ce n'est pas le sexe qui fait la différence, mais l'être parlant. Ce qui s'inscrit dans l'histoire freudienne repose sur le fait que, pour le sujet humain, les objets de la réalité perceptive ne sont appréhendés qu'à partir du langage, dans une relation à au moins un autre et sont toujours inscrits dans un constant rapport entre deux systèmes : inconscient (qui ignore la différence) et conscient (qui sépare et exclut, par exemple, homme ou femme). Du point de vue de l'appareil psychique, avant la possibilité logique d'exclure, ce serait davantage « fromage et dessert ». Ce que Freud a désigné du terme de bisexualité psychique.

J'essaierai de vous montrer que ce que l'on désigne par homme, se dire homme, dépendra des outils dont on dispose du point de vue de la logique du psychique et non pas seulement de l'anatomie. Il ne suffit pas de constater la réalité d'un pénis ou de son absence au petit Hans lorsqu'il demande à sa mère si tous ont un fait-pipi. Encore faudra-t-il au petit garçon, au travers du désir maternel, construire à partir de l'universel, « Tous ont un fait-pipi » construire une particulière « Il y en a des, qui pas ». C'est ainsi à partir d'une non-différenciation du point de vue logique que peut se construire la différence sexuelle. Ce au moins un qui fait exception par rapport à la mère, ce peut être papa, mais pas forcément, comme nous allons le voir avec Géraldine.

Voici quelques « voix de fait » sur le divan : Géraldine, Louise, Antonin[1].

Géraldine, devenue mère à son tour, dans un tendre élan déclare à sa propre mère : « Tu veux que je te dise : je n'ai jamais rencontré un homme comme toi ! » Et cette dernière de répondre, tout aussi affectueusement : « Confidence pour confidence, moi non plus ! »

---

1. Antonin, I. Diamantis, *Les Phobies ou l'impossible séparation*, Paris, Flammarion, coll. « Champs », 2005.

Vous apprécierez que pour parler d'un homme, de l'*ecce homo*, j'ai eu besoin de convoquer une mère et une fille. La rencontre avec « ceci n'est pas un homme », comme dirait Magritte, s'origine et tient son opacité en tant qu'objet, d'une mémoire ancestrale qui le recouvre et aliène à chaque fois sa signification. La rencontre, pour Géraldine, ne sera jamais celle d'un homme mais celle, au lieu d'un outil psychique inachevé, d'un lien incestueux avec sa mère. Il faut ici entendre par lien incestueux, la difficulté d'exclure de séparer, toujours, à cette étape de la structure du sujet, menacée psychiquement de réversibilité.

Louise poursuit avec opiniâtreté la quête constante de trouver un homme, un vrai ! En tous les cas, au-delà de ce que Louise croit être son désir, se profile une autre quête qui vient mettre à mal cette première proposition : un homme, un vrai ! Jeune, jolie et distinguée, ce que, de semaine en semaine, elle profère avec une froide détermination, c'est : « Un plan cul, pour samedi soir ! » Cette façon d'assigner un homme révèle la recherche d'un objet imaginaire dont elle ne doit pas manquer. Le « plan cul » en question doit en plus, pour susciter son désir, être pourvu non pas d'un membre particulier, mais d'une autre femme. Vous voyez bien tous les à-côtés nécessaires à Louise pour configurer un homme. Elle ajoute aussi à tout cet attirail : « De préférence, beau et bien connard. » Le regard de Louise, tel un prédateur, a tôt fait de le repérer. Fait d'une structure différente de Géraldine. Ici, le regard, objet de la pulsion scopique, arrime le sujet dans la perception insatisfaite de l'objet homme. L'appareillage pulsionnel maintient le désir à l'aune de l'insatisfaction, faisant état d'une captation imaginaire sans cesse reportée. Louise illustrerait assez ce qu'énonce Freud à propos de la pulsion, à savoir que la pulsion n'entretient aucun rapport direct et préétabli avec son objet. L'objet qui nous préoccupe ici, un homme, montre bien que, pour Louise, la constitution d'une entité homme relève d'une anticipation imaginaire d'où la réponse ne peut qu'être sans cesse reportée d'un « ce n'est pas ça » constitutif de son désir. L'autre pour Louise, contrairement à ce qu'elle imagine, ne se présentera jamais que sous une forme a-sexuée, terme dont Lacan use pour indiquer que, si la pulsion affecte les objets, elle ne les désigne pas. La relation objectale est toujours soumise à un lien narcissique primordial, à une relation de l'enfant à sa propre image[1]. Un homme comme entité dépendra toujours d'un premier lien inorganisé hors langage donc hors sexe, lien homosexuel *stricto sensu* pour la fille comme pour le garçon. Au stade des pulsions partielles, la différence sexuelle ne peut être pensée ni avoir une quelconque consistance. Ceci ne peut se concevoir qu'à partir du langage. Mais toute représentation consciente de se dire homme ou femme sera à jamais contaminée par ces premières relations et susceptible de réversibilité comme dans les rêves.

Travail, amour, rien ne va plus dans la vie d'*Antonin*. Il vient d'être licencié d'un poste qu'il avait brillamment occupé jusqu'à il y a peu de temps. De plus, la femme avec laquelle il vivait est partie. D'entrée de jeu, il déclare : « Je ne suis pas un homme ! » Je l'invite à expliciter ce qu'il entend par cette formulation. Il me confie alors qu'un de leurs collègues communs lui a rapporté les propos de son ex-compagne : « Le sexe d'Antonin n'est pas normal. »

1. *Ibid.*, *cf.* le chapitre « La réversibilité du sexe ».

Bien qu'Antonin possède à son actif un lourd passé de séducteur, il prend cette phrase prononcée par un homme comme une sentence qui le tétanise et que, soudainement et contre toute vraisemblance, il croit fondée. Une seule phrase prononcée *dans son dos* aura suffit à l'envahir quant au bien-fondé de se croire un homme. Ce défaut anatomique supposé l'obsède et envahit la totalité de son identité virile, bien qu'aucune autre femme ne lui ait jamais tenu de tels propos. C'est donc la médecine qu'il va interroger. Bien évidemment, elle ne trouve rien d'anatomiquement anormal. Inquiet, il demande à sa mère quelques éclaircissements sur la configuration de son pénis. Cette dernière lui répond qu'elle ne connaît rien au sexe des garçons, qu'elle n'est pas compétente en la matière. Antonin aurait préféré entendre de sa mère autre chose, mais celle-ci se retranche derrière un savoir objectif qui lui ferait défaut. Il est vrai que son garçon l'a bien moins intéressée que sa fille. L'éventuelle anomalie de son sexe venait confirmer une vérité inconsciente, l'empêchant de se compter parmi les hommes. La phrase qui qualifiait son pénis d'anormal, Antonin l'avait traduite en une vérité inconsciente : « Je ne suis pas un homme pour mon père et pour ma mère. » Ce qui était vrai. Le défaut supposé d'une partie, l'organe masculin, emportait le tout de son identité virile. L'objet est devenu sans consistance ni réalité perceptive au profit d'une incertitude. Bien qu'ayant eu toujours des rapports sexuels sans problème, « alors je ne suis pas un homme » vient entamer la réalité de l'objet. L'identité de mémoire vient recouvrir l'identité de perception et prendre sa place. L'objet pénis a sombré dans un autre sens : celui de la place des hommes pour la mère qui ne pouvait reconnaître un fils.

Enfin, reprenons la configuration œdipienne que l'on peut schématiser ainsi : l'historicité d'une relation en tant que tout être humain a pour premier objet d'amour lui-même et la personne qui lui procure des soins, le passage à au moins un autre et ses avatars constitueront la possibilité de se dire homme ou femme avec plus ou moins de bonheur. C'est affaire d'identification et non d'anatomie. La reconnaissance de se dire homme ne sera jamais qu'une position subjective de discours. Pour classer Adam parmi les hommes, il faut une première exception permettant *a posteriori* de classer Adam comme différent comme homme. Il restera toujours périlleux dès lors de penser chaque sexe comme une identité distincte si ce n'est comme effet de discours. Se dire homme ou femme parlera toujours d'autre chose, d'un autre sens, d'un lieu incertain où cela n'était pas assuré. Se dire homme ou femme relève d'un monde de l'hétérogène où les choses sont tranchées. Le sujet humain, parce qu'il est pris dans le langage devra sans cesse négocier avec l'homogénéité des premières motions inconscientes, lors des premières négociations de l'enfant avec sa mère.

Le concept d'homme ne peut se concevoir pour un psychanalyste que comme l'historicité d'une relation du fils à sa mère, puis au père. Pouvoir se déclarer homme, se ranger du côté masculin, devient dès lors un discours identificatoire possible dont on mesure sans cesse la relativité. Je citerai ici Guy Le Gaufey dont le propos illustre bien le problème[1] : « Y a-t-il à dignité égale, deux entités dites homme et

1. Guy Le Gaufey, « Le pastout de Lacan. Consistance logique », *Conséquences cliniques*, Epel, 2006.

femme, séparées par le Grand Canyon de la différence sexuelle ? Ou faut-il penser cette différence comme un pur relatif, chaque être humain se situant sur un continuum de plus ou moins homme à moins ou plus femme ? » Dès lors, se dire homme ou femme ne saurait assurer une véritable nature à chaque sexe, tributaires qu'ils sont en tant que fille ou garçon élevé à la même aune des premières relations narcissiques primaires, hors tout contexte de jugement.

Quant à moi, je répondrai aussi d'une manière citoyenne un peu comme dans les dîners en ville ou comme au cinéma. Ce sera ma contribution à la démocratie participative à laquelle invite le titre du colloque. Qu'est-ce qu'un homme ? Quelqu'un qui n'a pas trop peur d'être une femme et si j'ose dire *vice versa*.

LE COUP DE BOULE DE ZIZOU SAUVERA-T-IL NOTRE VIRILITÉ DE SA CRISE ? (juillet 1789 – juillet 2006)

par André RAUCH

Peut-on dire qu'en deux siècles les hommes ont renoncé aux privilèges qui les solidarisaient autour de leur différence sexuelle ? Voilà notre question. Cette réflexion ne prétend pourtant pas brosser une histoire des hommes en miroir de celle des femmes. Elle veut jeter un regard historique ou anthropologique sur la crise de la domination masculine, une fois proclamée la Déclaration des droits de l'homme. Votée le 26 août 1789, la loi établit en effet entre les sexes une symétrie dans les actions juridiques.

En deux siècles, les femmes ont accédé à de nouvelles responsabilités économiques et politiques, hors du foyer domestique. Jadis, elles auraient ressenti ce passage d'un rôle à un autre comme une transgression lourde de conséquences. Ne couraient-elles pas le risque de passer pour des garçons manqués, autant dire des femmes ratées ?

Souvenons-nous que, récemment encore, un homme se livrant à des tâches de femme perdait toute respectabilité et une femme dans un espace d'hommes exposait son honnêteté. Bref, des corruptions de rôles mais aussi d'honorabilité, cette image de soi essentielle aux individus et indispensable à l'ordre social.

La fraternité révolutionnaire

Pour interpréter l'avènement de la conscience révolutionnaire, le parricide perpétré sur la personne du roi a peut-être moins d'importance que les proclamations de la fraternité citoyenne. Face au père déchu de la nation, et alors que se brouillent les critères de la filiation, la foule des enfants de la Révolution multiplie ses hâbleries. Le soulèvement, l'insurrection, l'émeute, la Révolution en un mot, ont donné à leurs acteurs le sens symbolique de leur identité. Voilà qui a fait des anciennes notabilités, protégées par les ordres et les privilèges, les vestiges d'un monde caduc. Lorsque la Convention vote le projet d'ériger la statue d'Hercule proposée par l'artiste-député David pour incarner la République, elle s'inspire de cette figure mythologique de la bravoure. La répartition des rôles doit obéir à la promesse selon laquelle la Révolution « forme des Hercule, des hommes extraordinaires enfin, en développant dans l'être organisé les facultés viriles de l'humaine nature[1] ». Joan Landes observe ce partage sur le tableau de David *Le Serment des Horace* (1784). À gauche, les hommes, peints dans une raideur d'acier, alignés tels des soldats de plomb, prêtent

1. *Les Travaux d'Hercule, ou la rocambole de la fouterie*, par un Émule de Piron, Grécourt et Gervais, à Paris, l'an deuxième de la Liberté, 1791, p. 4.

serment, leurs glaives dressés ; à droite, les femmes, agenouillées ou presque allongées, restent confinées dans la partie basse de la toile ; le galbe de leur corps, la matière fluide de leurs vêtements soulignent leur soumission à un ordre qui ne leur appartient pas. Au risque de contrarier pour longtemps l'idée d'égalité des femmes et des hommes dans la vie citoyenne, de telles allégories vont peser sur la scène politique.

Le citoyen armé et l'honneur militaire

Lorsque le service de recrutement se constitue, que la conscription se généralise, il devient pour les citoyens de sexe masculin un passage obligé de la jeunesse à la vie adulte. La levée en masse, inconnue jusque-là, encore étrangère aux royaumes d'Europe, transforme la condition masculine. La conception révolutionnaire de l'armée, fondée sur le devoir, l'honneur et la gloire, en un mot : l'impôt du sang, qu'avait ignoré l'Ancien Régime, bouleverse les signes identitaires de la virilité. Ce qui avait été le métier de quelques-uns – porter les armes – devient la caractéristique qui distingue l'homme de l'enfant, de la femme, mais aussi de l'infirme ou du vieillard.

Dans l'épopée napoléonienne, la bravoure martiale a opposé aux oppressions de l'Ancien Régime un idéal bien plus accessible que ne l'était devenu l'esprit révolutionnaire. Les héros inscrivent la réalité de leur vie dans la mémoire collective des honneurs qui leur sont rendus et cette inscription dans une biographie devenue inaltérable leur survivra. La publicité de leurs exploits, dans lesquels ils se sont entièrement fondus, les fait entrer dans l'histoire. Mérite et compétence, ces deux éléments de la carrière militaire ou civile définissent, et pour longtemps, la dignité masculine. Ils soulignent ce devoir militaire de passer pour un surmâle, c'est-à-dire la nécessité de démontrer sans cesse qu'on est un homme.

Le devoir de défendre la patrie signe la condition masculine ; aucune constitution physique n'empêche une femme de tirer au fusil, mais la fonction de ces récits les exclut de cette condition sociale. Les moyens de détruire et de tuer, bref le recours à la violence armée, ne sont pas un privilège féminin : leurs rôles de mère, d'épouse, de fille, de sœur les tiennent à l'écart de la guerre, et donc du cercle des hommes. Elles sont aussi subordonnées à eux dans l'usage du récit guerrier où la violence est au cœur de l'identité, et où exposer son corps à l'ennemi et sa vie à la mort garantit par ailleurs la paix dans l'univers des femmes et des enfants.

La conscription consacre la séparation géographique et affective du fils et de sa mère ; elle isole les hommes du monde féminin et ne les *rend* à la société civile qu'après avoir tué d'autres hommes. Ces années de ségrégation sexuelle pendant lesquelles ils sont plongés dans un monde exclusivement masculin, où ils mûrissent, fabriquent la virilité dans la société du XIXe siècle : peut-on être un homme si l'on n'est pas allé à la guerre ou si on n'a pas fait son service militaire, se sont demandé durant plus d'un siècle hommes et femmes d'Europe.

Au sortir de la Grande Guerre, l'érection des monuments aux morts innove. Elle crée de nouvelles cérémonies. Les solennités qui célèbrent les disparus distinguent ceux-ci des simples citoyens. Elles isolent les martyrs ainsi honorés de leur famille civile et de la société réelle. Elles tiennent à distance les femmes – mères, veuves, fiancées, sœurs – dont le « genre » n'est, de toute évidence, pas officiellement « représenté » ici. Veuves et mères en deuil, pourtant proches des victimes et présentes à la cérémonie, ne montent pas en scène. Elles demeurent de simples spectatrices, discrètes et muettes. Hospitalières, mais maternantes, la Nation et l'Église patronnent ces fonctions sociales de protection et d'assistance. Si la guerre est affaire d'hommes, les funérailles civiques doivent le rester. La stèle devient l'autel d'une dévotion, et le monument le symbole du patriotisme. En honorant les soldats sacrifiés pour la survie de la nation, l'assemblée déploie la symbolique du martyre. Pour que l'exemple de cette génération excite l'émulation des survivants, elle honore non la hardiesse mais le dévouement, moins leur victoire que leur sacrifice. L'oraison funèbre magnifie non plus la geste guerrière, le héros qui se hausse au-dessus des autres par ses exploits, mais un brave, anonyme : ici, pour la première fois sans doute, la mort obscure est glorifiée[1].

L'homme, le mari et l'État

En une période d'innovation technique, industrielle et commerciale accélérée, petits patrons ou chefs d'entreprise sont les premiers à s'enorgueillir de pouvoir créer et faire circuler des richesses, mais surtout d'exercer leur autorité. Décisif en effet s'avère le

1. Antoine Prost, « Verdun », *Les Lieux de Mémoire* (dir. Nora P.), II, *La Nation ****, Paris, Gallimard, 1986, p. 136 ; et plus récemment : Stéphane Audoin-Rouzeau, Annette Becker, *14-18, retrouver la guerre*, Paris, Gallimard, 2000.

rôle des individus talentueux dans les professions de type libéral. Administrateurs, chefs d'entreprise, fonctionnaires composent une société exclusivement masculine, dont l'accès est ouvert à ceux qui maîtrisent les nouveaux codes de savoir-faire propres à la mobilité professionnelle. Mais le prix de la réussite est plus élevé qu'il n'y paraît. Sous ces carrières et derrière ces codes, une inquiétude reste constamment en éveil qui engendre un sentiment d'insécurité, une anxiété devant les vicissitudes de l'avenir et la précarité de la position. Un nouveau sacrifice s'impose : une existence consacrée à l'œuvre conditionne l'honneur. La loi du travail et l'ambition de la réussite professionnelle réclament de la privation, de l'épargne, de l'austérité. La nécessité de s'assurer une réputation et une place dans la vie économique passe en priorité.

En 1842, dans les *Mémoires de deux jeunes mariées*, Balzac s'exclame : « En coupant la tête à Louis XVI, la Révolution a coupé la tête à tous les pères de famille[1] », tant il est vrai que la contestation de l'autorité du roi a fragilisé les symboles de la puissance paternelle. En mars 1790, l'abolition des lettres de cachet empêche les pères de faire emprisonner leurs enfants ; en avril, l'institution du « tribunal de la famille », qui donne un avis sur les enfants difficiles, limite la puissance du chef de famille et, en août 1793, la Convention prive les pères de l'exhérédation, ce droit de déshériter leurs descendants. L'abolition de la puissance paternelle sur les personnes majeures consacre la synchronie des majorités politique et civile.

1. Honoré de Balzac, *Mémoires de deux jeunes mariées*, *La Comédie humaine*, t. I, Gallimard, 1970, p. 173.

Dans le foyer s'est ébauché un espace où le sentiment s'épanouit. Une maison, une femme, des enfants, voilà le territoire du mari-père de famille : il y puise les forces indispensables pour affronter le monde extérieur. La présence d'une épouse au foyer donne une assise sociale et fait du bon époux un homme accompli : un bourgeois en famille, en majesté. La responsabilité que prend un mari à l'égard d'une femme à qui il a confié sa fierté le rend vulnérable. Pour ne pas provoquer sa jalousie, elle veille à ne pas écorner l'image qu'il souhaite donner de lui. Cela revient à reconnaître implicitement que du comportement de son épouse dépend la réputation de l'homme. Car elle détient le pouvoir d'entretenir par sa propre conduite le prestige de son mari.

Si l'échec d'un mari peut venir du fait qu'il ne demeure pas l'unique objet de la passion de sa femme, sa médiocrité professionnelle peut aussi le précipiter dans le mépris. Son désarroi tient dès lors autant au sentiment d'abandon qu'à la crainte de ne plus maîtriser les passions de celle qu'il aime. L'officier de santé Charles Bovary a été encouragé par son épouse à tenter une opération sur un garçon d'auberge souffrant d'un pied bot : « Sa réputation et sa fortune s'en trouveraient accrues. » L'échec de l'intervention révèle au grand jour sa médiocrité. Frustré de l'estime de sa femme, privé de la dignité que confère l'amour conjugal, Charles Bovary sombre dans le désespoir. Perdant la maîtrise qu'un mari doit avoir sur son épouse, il cherche les causes de cette perte de contrôle de soi. Son ignorance de ce qui s'appellera une tromperie ou une trahison le menace d'être rabaissé au rang des hommes sans vigilance pour leur honneur : incapacité (échec) et ridicule (infamie) dessinent le préjudice.

La mixité : nouveaux codes

La séparation entre garçons et filles dans l'enseignement ne résultait pas de la différence entre les sexes, mais en assurait la reproduction. Jamais garçons et filles ne se sont vraiment mélangés dans les établissements scolaires. Les âges se fondaient, mais les sexes devaient rester séparés. En développant deux formes distinctes de comportements, l'école a ainsi inculqué aux garçons des rôles antinomiques de ceux des filles. Bref, de toutes les révolutions scolaires du XXe siècle, la mixité est l'une des plus monumentales. En abolissant des frontières établies, elle met en question les privilèges masculins autour desquels s'était structuré le système éducatif.

Dans une conjoncture inédite, la mixité scolaire renouvelle l'apprentissage des rapports sociaux. Elle met un terme à une forme établie d'initiation et contraint les garçons à défendre leur propre identité : désormais leur position par rapport aux filles ne sera plus acquise par principe. Plus qu'auparavant, il leur faudra la conquérir ou la soutenir[1]. Les réformes vont aller bon train et dès 1959 le ministère décide de ne plus créer que des lycées mixtes. De 1962 à 1968, il engage une politique de régularisation en fermant des écoles de filles et de garçons pour créer des écoles mixtes.

Aussi, les revues pédagogiques se mobilisent-elles et s'empressent d'attribuer un caractère salutaire à la

1. Michel de Manassein (dir.), *De l'égalité des sexes*, Paris, CNDP, 1995, p. 225 ; Claude Zaidman, *La Mixité à l'école primaire*, Paris, L'Harmattan, 1996, p. 212.

réforme. Dans un style doctrinal, la mixité est présentée comme indispensable au développement des élèves, et son absence préjudiciable à leur équilibre ou à leur épanouissement affectif. Une nouvelle évidence s'impose : confinée entre garçons, l'éducation paraît désormais ennuyeuse et stérilisante. Les déclarations qui soutiennent la réforme tendent à rassurer les parents : la mixité rend les garçons mentalement plus intelligents et moralement plus sains. Précédemment, à la demande générale, les pédagogues avaient multiplié les entraves, érigé enceintes et barrières, intensifié surveillances et vigilances. À la surprise de beaucoup, ils vont soudain se mettre à inventorier les bénéfices éducatifs de la libre circulation et de la communication entre les sexes.

L'objectif vise à transformer les rapports entre les élèves au sein de l'école. Il abaisse l'âge de la rencontre entre les sexes et laisse moins de place aux fantasmes, à l'homosexualité aussi, peut-être. Sans mixité, l'éducation produit une virilité échauffée de sexualité et d'agressivité qu'illustrent les milieux clos de la caserne ou de l'internat, ces « bouillons de culture » où les hommes restent entre eux à cultiver leur force et à se défier[1]. En un mot, la mixité est bonne pour la santé des garçons.

Dans le passé, une franche démarcation d'âge était tracée entre l'instruction scolaire et les initiations sexuelles : elle blindait les gauloiseries entre garçons. Protégés des regards indiscrets, nichés dans leurs ricanements, camouflés sous leurs saillies incongrues, ils se soufflaient mutuellement leurs rôles

1. Nicole Mosconi, *La Mixité dans l'enseignement secondaire : un faux-semblant ?*, Paris, PUF, 1989, p. 58.

masculins. Ils se sont jaugés dans les récits hâbleurs de rencontres bien troussées et solidarisés au travers de chansons salaces qui ont pimenté l'ambiance d'un réfectoire ou endiablé la soirée d'une salle de garde. Récits, moqueries et lazzi les ont déniaisés et ont trempé l'identité masculine. Ces initiations traditionnelles déclineront avec la montée en flèche de l'éducation sexuelle. Le sens du secret initiatique s'efface lorsque l'école programme une éducation sexuelle, qu'éclairent des informations sur la procréation ou la contraception et qu'élargit un enseignement sur l'anatomie des deux sexes. Tirant profit des lumières de l'information et des éclairages sur la prévention, elle répand son éthique en vue de contrôler et la procréation et le plaisir.

La reconnaissance de la pulsion sexuelle par l'éducation signale dans quelles conditions un garçon peut céder à ses élans. Simultanément la nouvelle peur des hommes les confronte aux marques de leur virilité : sous la question de la stérilité perce celle de l'impuissance, hantise masculine récente, née de cette discipline du désir. Et, derrière l'absence d'une érection en temps voulu, pointe la peur de s'être trompé sur sa pulsion ou sur le choix de la partenaire.

L'homme et la femme au travail

En 1950, la Convention européenne de sauvegarde des droits de l'homme et des libertés fondamentales s'était engagée à garantir la jouissance des droits et libertés à tous les citoyens, « sans distinction de sexe, de race, de couleur, de langue, de religion, d'opinion ». En clair, elle prétend assurer aux femmes des droits égaux à ceux des hommes[1]. La législation joue un rôle clef : la notion de « salaire féminin » – ou salaire d'appoint – à peine révoquée (1945), la Constitution de 1946 avait inscrit dans son préambule que « la loi garantit à la femme dans tous les domaines des droits égaux à ceux de l'homme ». L'abrogation des prérogatives masculines sur la production économique se profile. Un bloc de l'ancienne domination semble tomber lorsqu'en 1965 la loi prive le mari de tout consentement quand son épouse veut exercer une activité rémunérée.

Événement marquant, l'irruption massive des femmes sur le marché de l'emploi déclenche plus qu'un bouleversement économique. En moins d'une génération, le partage des rôles sociaux, qui avait résisté à la mixité et aux avancées de la démocratie, s'est complètement recomposé. Dans cette logique de non-discrimination, la loi du 4 juillet 1975 interdit de rédiger une offre d'emploi sexiste, de refuser une embauche sous ce prétexte ou de licencier en raison du sexe ou de la situation de famille, « sans motif légitime ». Cette formulation trop vague suscitant des abus, le foyer de résistance est attaqué lorsque la loi Roudy du 13 juillet 1983 écarte le concept de motif légitime et dresse une liste limitative d'emplois spécifiquement masculins. En défendant les salaires et les embauches, la loi n'a pas seulement favorisé l'accès des femmes à une vie professionnelle, elle a aussi protégé les emplois masculins que menaçaient la montée en puissance d'une force de travail féminine et ses bas salaires.

---

1. Michel de Manassein (dir.), *De l'égalité des sexes*, Paris, CNDP, 1995, p. 96 ; voir aussi : Christine Bard, Christian Baudelot, Janine Mossuz-Lavau (dir.), *Quand les femmes s'en mêlent. Genre et pouvoir*, Paris, Éditions de la Martinière, 2004.

La progression soudaine des effectifs féminins bouleverse le paysage humain de l'entreprise. Les hommes sont confrontés à un afflux massif de salariées sur leurs lieux de travail (en 1999, les femmes occupent 45 % des emplois[1]). Celles-ci n'y figurent pas simplement pour les seconder, ni seulement pour améliorer les revenus de la famille, ni même pour occuper leur temps, elles y trouvent une raison sociale. Pour certaines, c'est une garantie d'indépendance, pour d'autres, une revanche sur l'histoire. La plupart en attendent davantage qu'un complément de revenu et beaucoup prétendent « s'accomplir » en prenant un travail.

Les mouvements féministes les plus radicaux des années 1970 ne se sont pas privés de publier leur volonté de jeter le mari avec le jus de ses revenus[2]. Sortie de sa condition, la femme acquiert un statut (elle « travaille », dit-on) et une considération sociale. Elle aura dorénavant le privilège de calculer son service, d'évaluer ses profits ; un métier de son choix peut l'intéresser et, pourquoi pas, la valoriser socialement. La maîtrise de l'emploi renferme donc un enjeu conjugal.

Les inégalités dues au genre sont apparues plus choquantes qu'auparavant même si, forcés de céder, les hommes se sont défendus plus âprement dans les professions les moins qualifiées, là où l'emploi devient

---

1. Publications INSEE du 4 juillet 2001 : *L'Espace des métiers de 1990 à 1999* et *Les Métiers se redéploient sur le territoire français* ; voir aussi Jean-Michel Bezat, « L'INSEE fait le portrait d'une France au travail plus qualifiée et féminisée », *Le Monde*, 6 juillet 2001, p. 7.

2. Sylviane Agacinski, *Politique des sexes*, Paris, Seuil, 2001 (1998), p. 118. En 1966, le Women's Lib est créé aux États-Unis. En France, le MLF est fondé en 1968.

le plus précaire et où le chômage menace[1]. Le genre masculin est devenu la cible des enquêtes et les organismes spécialisés ont fait du « genre » une catégorie pour ainsi dire isolable : l'INSEE pour la statistique, l'INED pour la démographie, le CREDOC pour l'économie des familles, l'IFRAS pour l'action sociale, les enquêtes de la CNAF identifient désormais comportements masculins et féminins comme des données sociales différenciables. Au-delà des rôles, des fonctions et des individus, le genre existe comme réalité économiquement et politiquement contrôlée. Il apparaît de plus en plus clairement que le « genre » tient son sens de l'inégalité et non des différences.

Si les femmes revendiquent l'autonomie financière, les hommes briguent une situation financièrement et socialement enviable, avec l'ambition de grimper rapidement dans l'échelle des salaires. De plus, si, pour les femmes, travailler permet de gagner en respectabilité, les hommes ne se contentent pas d'être reconnus, mais prétendent être connus[2]. Ils veulent arriver en tête dans la compétition sociale et, dès que possible, parvenir au sommet de la hiérarchie, donc exercer un pouvoir. Ils se jaugent par le curriculum vitae où se consignent leurs compétences. Ils élaborent des « plans de carrière » et se font recruter sur leurs ambitions et leur « agressivité ».

---

1. Margaret Maruani, *Travail et emploi des femmes*, Paris, La Découverte, 2000, p. 33 ; Nicole-Claude Mathieu, *L'Arraisonnement des femmes. Essais en anthropologie des sexes*, Paris, Cahiers de l'homme, EHESS, 1995, p. 35 ; Françoise Battagliola, *Histoire du travail des femmes*, Paris, La Découverte, 2000, p. 102 *et sq*. Margaret Maruani, Chantal Nicole-Drancourt, *Au labeur des dames. Métiers masculins, emplois féminins*, Paris, Syros/Alternatives 1989, p. 15-16.

2. Pascale Molinier, *L'Énigme de la femme active*, Paris, Payot & Rivages, 2003.

Chez les travailleurs manuels, ouvriers, paysans ou artisans, cette histoire met à l'épreuve les signes conventionnels de virilité. Alors que la classe ouvrière en France perd 1,1 million de membres de 1982 à 1999 (bâtiment et métallurgie sont les plus touchés), les nouvelles technologies et les progrès de la mécanisation ont dévalorisé la force physique ; le travail des bras qui nécessite de gros efforts est déconsidéré. Spécifiquement masculin, parce que dur et pénible, il est dit « qualifié » en tant que savoir-faire technique. L'usage de la force se déprécie et fait l'objet de mesures de sécurité : la prise de risque permettait à un homme de se démarquer, à présent elle laisse place à un système de protection généralisé qui nivelle la manifestation des capacités physiques.

Le changement des comportements déclenche celui des signes identitaires. La virilité s'affirmait avec éclat, elle incluait une mise en scène de la force et du courage, s'accompagnait de lazzi entre hommes, axés sur les femmes et le sexe. Ces manifestations s'associaient à des défis, assortis de hâbleries et de bravades. Une occupation spectaculaire et braillarde de l'espace de travail signalait la présence des hommes sur un échafaudage ou un chantier, d'où ils sifflaient volontiers les filles de passage et blaguaient les bourgeois en cravate et souliers vernis. Les consignes de prudence brident désormais ces tapages et inhibent leurs protagonistes. Prudence et savoir-faire exigent en effet le silence et la réflexion, deux qualités qui naguère auraient passé pour de la mollesse ou de la poltronnerie.

L'art d'être père

Le 28 décembre 1967, l'Assemblée nationale vote la « loi Neuwirth », qui légalise la contraception, créant ainsi une rupture radicale dans l'histoire de la maternité. Alors que le contrôle des naissances était l'apanage du mari, désormais une femme userait de son libre arbitre puisque en théorie, pour devenir mère, elle aurait le pouvoir de choisir et le père et le nombre des enfants, et aussi l'opportunité de les mettre au monde. La procréation n'obéit plus aux pulsions d'un homme qui impose « naturellement » à une femme son destin maternel, mais résulte du choix, fait par une femme, de devenir mère. Désormais, c'est elle qui arbitrera l'accès de l'homme à la paternité. Sur les pancartes que brandissent les manifestantes à l'initiative du Mouvement français pour le planning familial (MFPF) en octobre 1979, le slogan « avoir un enfant, si je veux, quand je veux » le revendique clairement. Il deviendra une référence historique. Désormais, pour devenir père, un homme devra d'abord être accrédité par le suffrage d'une femme, ce qui bouleverse incontestablement attributions et privilèges.

Pourtant la révolution n'éclate vraiment qu'avec le renforcement de la famille recomposée. En 1990, 660 000 de ces familles ont été recensées ; sur 7,8 millions de couples avec enfants, 11 % des hommes et 3 % des femmes vivent avec un enfant de leur conjoint. Le rôle du père est devenu celui d'un « partenaire de vie », voire, selon l'expression du rapporteur de la loi, d'un « compagnon éphémère ». Car une mère qui « répudie » son mari ou son compagnon et discrédite sa conduite peut compter sur l'accord des tribunaux pour le priver de rapports avec son enfant. Plus que d'avoir un enfant, un homme aura pour préoccupation de rester le compagnon d'une femme qui l'habilite dans ses fonctions paternelles et l'y maintiendra. Qu'on se le dise : pour être père, il ne suffit plus de faire un enfant, encore faut-il assumer les multiples fonctions qui définissent désormais la paternité.

De ces transformations surgira bientôt la question du nom de famille. Le moment est proche où un mari devra continuer à porter celui dont il a hérité, mais qu'une femme ne voudra pas supporter. À celle qui change d'état civil, l'adoption d'un nouveau patronyme pourra sembler une spoliation, une dépossession de soi-même, presque le déni de son identité. Plus qu'un renoncement à l'appartenance passée, plus que l'appropriation d'une nouvelle identité, le sacrifice du vécu : manifestement le patronyme du mari n'est plus à l'honneur.

Le choix du genre

L'homosexualité reconnue retentit sur une détermination du « genre » qui a été jusqu'ici fixée institutionnellement. La question : « Quel est le genre de mon objet de plaisir ? » en fait surgir une autre : « De quel genre suis-je, moi ? » Cette seconde question est la plus cruciale, car qui d'autre que le sujet lui-même peut bien le dire, ou plutôt peut mieux le décider ? Jamais le genre masculin n'avait été interpellé à ce niveau de profondeur de la personnalité. Jamais non plus le « problème » de l'identité sexuelle n'a atteint un tel degré d'intensité psychologique, jamais enfin le sujet ne s'est interrogé aussi radicalement sur lui-même et sur son pouvoir de se choisir et de se construire, ou plus exactement sur sa part de décision dans cette identification.

Car il apparaît clairement que nul ne peut assumer quelque identité que ce soit sans l'avoir construite, bref sans s'être lui-même accepté comme homme, selon le devenir d'un genre, le masculin, dont il devient un acteur et non un simple membre. Tant que l'identité masculine demeure un principe de conformité à respecter, on passe à côté de la construction de sa personnalité. L'anxiété de toujours devoir être à la hauteur du modèle viril, d'y répondre et d'y obéir, bref la recherche de l'estime de soi, s'est déplacée. Assumer sereinement de faire l'amour avec quelqu'un du même sexe entraîne une remise en question des valeurs. Au fur et à mesure que s'effacent les contraintes collectives de l'injonction (« sois un homme, mon fils »), se diffuse plus d'anxiété en chacun (non pas : que suis-je ? – homme ou femme –, mais : comment devenir vraiment libre d'être celui ou celle que je veux ?).

Le sentiment d'appartenance à un sexe conditionnait jusqu'ici un équilibre psychologique : la division des tâches selon ce clivage et la priorité des hommes dans certaines d'entre elles structuraient dès le plus jeune âge la personnalité chez les garçons. Or les adaptations récentes de la loi sur les unions hors mariage, l'évolution des opinions sur l'homo- et l'hétérosexualité, les progrès des connaissances en biologie hormonale et ceux des techniques médicales ou chirurgicales en matière de transsexualité sont en passe de faire voler en éclats l'un des piliers de la vie sociale : la séparation des genres, sans laquelle on ne saurait plus qui est qui, ni quelle construction de la personne serait propre aux garçons[1].

La valeur d'un coup de boule

Selon l'expression d'Eric Dunning, le sport est devenu un « fief de la virilité », l'enclave où les garçons se retrouvent, où ils puisent leur courage et d'où les femmes, principale menace pour leur valorisation personnelle, sont bannies[2]. Cependant, le corps à corps des sportifs est resté une confrontation entre *pairs* : alors que l'école, la famille et la plupart des formations de loisirs pour la jeunesse introduisaient la mixité dans leurs rangs, la pratique sportive est demeurée homosexuée. Les garçons n'ont jamais imaginé qu'un « vrai » match de football, un enjeu sportif véritable, pouvait incorporer des filles dans une équipe. Les tableaux des compétitions ou des records en athlétisme, en natation ou ailleurs, ont toujours différencié les performances des hommes de celles des femmes.

Le sportif existe dans le combat d'un « homme » contre les forces hostiles. Le calvaire de l'épreuve, l'enfer de la température, le chemin de croix du parcours, les maléfices de l'adversaire sont repérés par la chronique pour illustrer les vrais antagonismes qu'affronte le sportif, héros d'une société au travail. Sa

1. Elisabeth Badinter, « Ces hommes qui veulent enfanter », *Le Nouvel Observateur*, n° 1121, 2 mai 1986, p. 78 ; voir aussi de la même auteure, *XY. De l'identité masculine*, Paris, Odile Jacob, 1992, Conclusion.

2. Eric Dunning, Norbert Elias, *Sport et civilisation. La violence maîtrisée*, Paris, Fayard, 1986, p. 378.

lutte contre ces forces symboliques en dit aussi long sur sa valeur d'homme que sa performance à proprement parler. N'importe quel sportif qui gagne devient un champion, mais seule la souffrance fait le héros. En proie à la fatigue, une sportive au visage grimaçant s'enlaidit et exhibe un corps meurtri, contre-valeur de la féminité ; stigmatisée par la presse, sa détresse repousse toute identification collective. Pendant ce temps, un homme devient un géant de la route, du ring ou de la piste.

C'est aussi pourquoi le terrain de football demeure un des rares lieux où les hommes peuvent s'embrasser, se serrer, se jeter dans les bras l'un de l'autre, déborder publiquement de plaisir, sans éveiller de doute sur leur orientation sexuelle. Seuls aussi leurs gestes, leurs allures et leurs mimiques, leurs manières d'occuper l'espace sont à même de faire évoluer ces modèles. La télévision consacre ainsi le corps comme expression de l'identité. En France, l'identification au héros médiatique atteint son acmé en 1998 lorsque l'équipe nationale remporte la Coupe du monde de football. Zinedine Zidane, jeune Kabyle d'une cité des quartiers nord de Marseille, est devenu ce jour-là un symbole de la nation française. Au fil des matchs, une sorte d'immédiateté fascinante accompagne ses tirs et ses passes en milieu de terrain, et chaque spectateur retrouve l'idéalité de l'absolu sous le pur geste de cet homme en gloire. Rien ne semble résister au talent de la star dans son art : ni entraînement ni tension psychologique. La place de l'adresse à l'état naturel paraît ici primordiale. La conclusion suit : des identités sexuelles et nationales s'insèrent dans ce moment d'« extase historique », selon la formule d'Edgar Morin dans le journal *Libération*[1]. La gloire d'un homme, que l'arrêt sur image a statufié et que le ralenti a divinisé, ouvre grand les portes d'une identification collective.

Lorsque le 9 juillet 2006, à quelques minutes de la fin du match comptant pour la finale de la Coupe du monde de football qui oppose l'équipe de France à l'Italie, Zinedine Zidane frappe violemment de la tête le footballeur italien Marco Matterazzi, les spectateurs français de la première chaîne de télévision croient être dans un cauchemar. L'homme clef de la victoire mondiale vient de faire basculer tous leurs espoirs sur un coup de tête. Titre, honneur national, primes, etc. s'envolent au loin. L'équipe italienne s'est enfin débarrassée du joueur qui, à lui seul, la tenait en échec. Pourtant, interrogés quelques jours plus tard sur le comportement de leur idole, les Français, jeunes ou moins jeunes, affirmeront : « Il a eu raison de riposter à l'insulte. » Plus que ses célèbres coups de pied, le coup de tête de Zidane a-t-il valeur historique ?

Il réintroduit dans le jeu le plus spectaculaire de notre temps, la valeur symbolique des gestes virils d'antan ou d'une autre culture. Ne pas se laisser faire, ne pas tolérer l'insulte, ne jamais supporter d'être déshonoré, ne pas attendre un quelconque arbitrage pour se faire justice, ne pas laisser insulter la famille dont un homme est toujours le bouclier. Pour rien au monde, même pour un titre mondial, un homme ne doit tolérer d'être mis en cause dans son honneur. Une majorité de Français a approuvé cette affirmation ancestrale d'identité. Parmi d'autres sports, le specta-

1. Edgar Morin, « Une extase historique », *Libération*, 20 juillet 1998.

cle télévisé du football est une cérémonie, avec ses rituels, son credo et sa pompe. Cette grande cérémonie nationale est aussi un culte de la virilité qui nous fait signe.

VOUS SOUHAITEZ ÊTRE PÈRE, JE PRÉSUME

par Jean-Loup Clément

Dans *Cinq Psychanalyses,* Sigmund Freud cite les propos de l'astronome autrichien du XVIIIe siècle Georg Christoph Lichtenberg, au sujet de la paternité : « L'astronome sait à peu près avec la même certitude si la Lune est habitée et qui est son père, mais il sait avec une tout autre certitude qui est sa mère. » Cette pensée est toujours d'actualité deux siècles et quelques années plus tard à propos de la paternité – même si des images de la Lune transmises par satellite apportent des renseignements un peu plus précis. Je laisse volontairement de côté le débat sur la définition de la maternité qui n'est pas reconnue, dans certains cas, à des femmes qui ont accouché. C'est une façon de considérer que l'accouchement ne confère pas obligatoirement le statut de mère, qu'il est possible de composer avec la définition de la maternité, pourtant réputée toujours certaine et d'en priver des femmes : la maternité aussi se revendique, semble-t-il.

La paternité est toujours présumée, jusqu'à preuve du contraire. C'est pourquoi, elle se revendique et se construit au fil de l'histoire commune d'un homme, d'une femme et d'un enfant. Elle peut être déconstruite au gré des histoires sexuelles et amoureuses tourmentées de deux adultes, souvent à la demande d'un homme, ou bien d'une femme qui accepte la contestation de la paternité de son enfant ou parfois même la réclame. C'est alors qu'un autre homme est assigné (ou non) en tant que père, mais ces cas sont rares.

L'établissement de la paternité s'effectue dans la réalité de la relation sexuelle et affective. La plupart des hommes sont convaincus d'être à l'origine de la grossesse de leur partenaire, c'est-à-dire d'être le géniteur de leur futur enfant. C'est bien cette origine qui fait question puisqu'elle repose sur la parole de la femme qui elle seule connaît l'auteur (au masculin) de sa grossesse. Les hommes ne souhaitent pas que leur conviction soit entamée au même titre que la confiance accordée à leur partenaire. C'est pourquoi il est difficile de leur faire admettre qu'eux-mêmes et leurs aînés avant eux n'ont jamais eu aucune preuve objective et tangible de l'identité biologique de leur père. Chacun est dans l'obligation d'accepter tacitement la parole de ses parents. C'est la relation symbolique qui fonde vraiment la paternité dans un investissement personnel à long terme que le substrat biologique ne garantit pas.

C'est ainsi que la médecine moderne propose officiellement un mode de procréation sans relation sexuelle, parfois même avec le remplacement des gamètes masculins ou féminins défaillants. Dans le cas de la fécondation par don de sperme, c'est l'image de l'adultère féminin qui est présente puisqu'il est avéré que la femme n'est pas enceinte des œuvres de son partenaire. Priorité est alors accordée au désir exprimé par un homme stérile de recourir à la substitution de sperme fécondant dans le cadre d'une procréation médicale. L'impasse est faite (le déni ?) sur l'origine biologique de l'enfant. L'anonymat de la provenance du sperme garantit une paternité totale, sans tiers repérable pour le couple et l'enfant. Chacun est renvoyé à son imaginaire et compose suivant ses capacités à produire des fantasmes. Le donneur de sperme dont la paternité préalable est requise n'a pas à être identifiable. Cette disposition lui garantit d'être toujours le père de ses enfants (tant qu'il s'y emploie) et de n'avoir pas de lien réel avec ceux conçus avec son sperme et la technique médicale. Il n'a pas ce statut social de géniteur puisqu'il n'a pas été en *relation* avec la femme, devenue enceinte par l'intermédiaire de son don de sperme. S'il devait avoir un statut social, il serait alors une sorte d'homme polygame avec des enfants disséminés et identifiés dans des familles précises. Mieux vaut l'en préserver. Tant pis pour celles et ceux qui fantasment une connaissance et une maîtrise infondées de la structure de la génétique par la science et la médecine.

Parfois les mêmes histoires d'engendrement et d'enfantement sont racontées dans la littérature, soit du côté de l'homme, soit du côté de la femme, à commencer dans la Bible. Dans l'Évangile selon saint Matthieu, Joseph accepte la paternité de Jésus « sans qu'il eût connu » Marie. Dans l'Évangile selon saint Luc, Marie, à l'annonce de sa grossesse par Gabriel, demande : « Comment cela se fera-t-il puisque je ne connais point d'homme ? » À qui se fier ? À la parole des auteurs !

TOUT SUR LE PÈRE

par Diana Goldin Bouhsira

Almodovar nous avait conquis dans *Tout sur ma mère,* où les différents portraits de femmes et de mères semblent constituer un ensemble aussi minutieux que détaillé sur des caractères féminins. Nous nous sommes intéressés à son dernier film, *Volver,* où, là encore, à travers différents destins de femmes, il nous livre des portraits finement analysés de personnalités féminines très diverses.

Ainsi, nous les découvrons, nous allons à leur rencontre et entrons dans leur intimité, combien réelle. Faisant partie de cette contemporanéité, nous sommes confrontés à ces différentes mères, grand-mères, tantes, amies ou jeunes filles qui potentialisent des images constituant un concentré de phénomènes actuels. Des femmes qui se prennent en charge et qui, de surcroît, s'engagent solidairement les unes envers les autres. (La justesse de leur description, de leurs caractères et la vivacité des actrices a bien justifié les prix qu'elles ont reçus.)

Ce qui est intéressant, c'est le fait que ce film ait été aimé et fêté. Il met en exergue une société sans hommes, une société surtout sans pères. Ce n'est pourtant pas tout à fait la réalité et, pour le thème qui nous réunis aujourd'hui, j'ai estimé qu'il était important de chercher dans ce film leur présence et surtout leur absence.

Nous pourrions ainsi essayer de comprendre pourquoi aujourd'hui, face à ce film, personne n'a mentionné la mauvaise part ni le rôle si négatif qu'Almodovar attribue aux hommes. L'absence criante du père passe ainsi dans les médias comme un phénomène naturel. Presque comme si leur absence était un fait déjà accepté dans notre société.

Bien sûr, les hommes sont présents dans le film, mais surtout par leurs manques. Dans leur absence ou dans leur présence, la perversion apparaît pleinement. On remarque bien leur absence, mais, paradoxalement, ils sont aussi au centre de presque toutes les actions des personnages du film. Comme s'ils tiraient les fils des marionnettes.

Quels types d'hommes et de pères *Volver* nous donne-t-il à voir ? Il serait important de s'arrêter un moment sur les différents personnages. Le premier homme qui apparaît est le père. Ainsi, dans la première scène, les femmes s'occupent de nettoyer sa tombe. Père viril et tout-puissant, infidèle et menteur, car il ment toute sa vie à sa femme avec des maîtresses sans fin et, comme si ce n'était pas suffisant, il abuse de sa propre fille. Quand la grossesse advient, résultat de la relation incestueuse, le père part au loin et laisse les femmes s'occuper des « détails ». Son action amène la mère à le tuer, lui et sa maîtresse, en provoquant un incendie.

Père absent mais présent par sa trace : inceste et infidélité sont les thèmes d'emblée convoqués. La marque de son agi pervers se retrouve omniprésente dans la figure de sa fille, petite-fille qui restera marquée de son sceau. On pense à l'enfant tel que Freud le décrit comme « pervers polymorphe ». En tout cas, chez ce père, tout surmoi est absent. Son image ressemble à un petit garçon s'adonnant à des jeux dans la perversité de ses actions. Pas de surmoi ni de responsabilité, tout semble être permis et il se permet de tout barrer : le temps et les générations. Seuls le plaisir et ses mouvements instinctuels semblent dicter ses agis.

Le deuxième homme dans le film est le mari de l'héroïne. Ce n'est pas un hasard s'il devient un père pour sa fille, répétant la relation incestueuse.

Cet homme n'est pas respecté, il est utilisé comme remplaçant du géniteur, pour que la vie continue. Il est montré comme incapable de tenir une situation sociale et économique. Faible face à la vie, se réfugiant dans l'alcool quand des problèmes de travail se font sentir. Puisqu'il est incapable d'efforts, on ne peut pas se reposer sur lui. Il boit et il est inapte à s'accomplir dans une société exigeante. Son impuissance est présente dès le début du film. Et son impuissance sexuelle suit. Sa femme ne le respecte pas et ne l'apprécie pas : la haine du père se cristallise dans sa relation à son mari.

Tout est prêt pour que l'histoire se répète. Il essayera de forcer sa fille Paula, qui n'est pas sa fille. Et Paula à son tour deviendra meurtrière pour se défendre. Tout le film va se poursuivre dans cette présence-absence. Le cadavre du mari de l'héroïne, Raimunda, va rester longtemps dans le congélateur avant de se voir désigner une sépulture.

La sœur de Raimunda vit seule dans un univers de femmes. Son mari semble s'être volatilisé sans autre forme de procès. Comme s'il s'agissait là encore d'une situation toute naturelle. Soleida, la sœur coiffeuse, assume seule un rôle économique et social ; elle évolue dans un milieu exclusivement féminin où l'on trouve une amie d'enfance, sa tante et les femmes qu'elle coiffe – un univers déserté par les hommes.

Les seuls hommes positifs et intéressants dans le film sont le propriétaire du bar, voisin amical et amoureux qui fait confiance à Raimunda et lui permet d'utiliser son espace. Bien qu'entre eux, on ressente une certaine tendresse, l'héroïne n'est pas perçue comme une femme à conquérir. L'autre homme est le régisseur d'une équipe d'acteurs. Il permet à Raimunda de réaliser une ambition sociale : elle va, avec l'aide de ses amies, ouvrir un restaurant et ravitailler la troupe de comédiens. C'est dans le travail que toutes ces femmes trouveront l'épanouissement. Les hommes positifs sont ceux qui rendront cela possible.

Les autres femmes, dans le film, ne parlent jamais des maris ni des hommes. Le seul groupe d'hommes est celui qui figure à l'enterrement, figé et inexistant. Les seules paroles sur les hommes viennent de la prostituée.

Nous assistons ainsi à la mort du père tant symbolique que réel. Almodovar semble nous dire : le père, pour quoi faire ? Tout semble en effet aller pour le mieux quand le père meurt ou s'envole.

Les seuls hommes qui émergent comme possibles seraient ceux qui acceptent l'égalité des sexes et reconnaissent les potentialités et la force des femmes sans pour autant se sentir diminués dans leur virilité.

Que dire sur la figure du père dans ce contexte ? Les deux figures masculines positives ne sont pas des pères. Ils sont les égaux des femmes et même des alter ego car ils ont la possibilité de s'identifier à elles.

Je voudrais ici m'interroger sur l'immense écart qui existe entre l'image du père dans ce film et l'image du père chez le héros Télémaque.

Il est resté seul à Ithaque avec sa mère Pénélope quand son père Ulysse est parti pour Troie. Comme l'absence de son père se prolongeait, les prétendants à la main de Pénélope ont afflué au palais, y exerçant d'odieux pillages. Télémaque, révolté, heureusement conseillé par Mentor et surtout par la déesse Athéna, part à la recherche d'Ulysse. Il est reçu par Nestor, qui charge son propre fils de le conduire de Pylos à Sparte, où Ménélas l'accueille.

Mais, seul et perdu, il ne trouve pas son père, et reprend le chemin d'Ithaque, le cœur lourd.

C'est là qu'à sa grande joie, il le retrouve, arrivé quelques jours avant lui, après avoir été hébergé par le berger Eumée. Ensemble, ils préparent le massacre dans lequel vont périr tous les prétendants de Pénélope.

Après ces retrouvailles, Télémaque pourra se marier et devenir un homme. Les différentes traditions accordent à Télémaque différentes épouses, mais ce n'est pas notre objet.

Dans *Volver*, il s'agit du retour d'une femme, dans l'histoire de Télémaque, c'est Ulysse, le père, qui revient.

Ce qui est intéressant, c'est le moment où Télémaque semble désemparé face à l'absence de son père. Il avait besoin de lui pour devenir l'artisan de sa propre vie et l'aider à défendre son cercle de famille. Symboliquement, on voit un enfant perdu sans la présence de son père. Sa recherche nous renseigne sur la difficulté d'identification d'un enfant lors de l'absence de son père. Surtout quand il y a absence de l'image du père dans la tête de la mère.

Cette quête du père, nous la retrouvons aujourd'hui chez beaucoup de nos patients quand le père a manqué. C'est pour beaucoup d'adolescents et de jeunes adultes une quête sur leur histoire, leur genèse, en somme leur identité.

À l'inverse, beaucoup d'hommes choisissent désormais une paternité très investie sans pour autant ressentir le besoin de domination masculine ni le besoin revendicatif d'affirmer un pouvoir. Il y a alors reconnaissance de la femme, sans être son subalterne. Être père, pour certains hommes, c'est pouvoir semer, servir de modèle identificatoire et surtout être dans la transmission. Transmission de la vie, d'une identité, pour alors donner aux générations futures la possibilité aussi de devenir parents et surtout la transmission d'une identité, sinon la quête triste de Télémaque se poursuit.

Dès cette quête solitaire où le jeune est en perdition dans la recherche d'un père, qu'est-ce qui peut conduire à une position aussi détachée et négativiste que celle d'Almodovar ?

Pour répondre à cette question nous devons nous replonger dans le monde de solitude auquel un grand nombre de jeunes adultes sont confrontés.

Être un enfant sans père, c'est aussi être porteur d'un fardeau où au moins la moitié de notre histoire nous est enlevée. C'est s'interdire de questionner une mère qui souvent est fragile et a besoin de notre protection. C'est pour certains s'empêcher de grandir et de pouvoir un jour répéter un rôle de père où la souffrance d'un fils semble nous envahir.

Peut-être mieux qu'à la clinique, peut-on avoir recours à la littérature où cette quête solitaire d'un père barré par le secret et par la haine est admirablement décrite, notamment par Victor Alamo de la Rosa dans *L'Île aux lézards*, dont Campiro est le héros. « Seul il se sentait depuis presque toujours, depuis qu'il alla sur ses 9 ans. En fait, depuis toujours, comme si cela lui était arrivé avant même de naître, depuis toujours il avait ressenti le manque de son père Isidel, mort ou émigré (lui seul devait le savoir), qu'importe, cela revenait au même, ces deux mots étaient devenus synonymes pour Campiro. Car en fin de compte la seule chose qui comptait, que son père fût mort ou émigré, c'était qu'il devait grandir sans lui, sans géniteur pour lui indiquer le chemin à suivre, au-delà des récriminations de sa mère Cecilia, qui ne fut plus jamais la même à partir de cette nuit funeste au cours de laquelle son époux disparut. »

Petit à petit, dans notre réalité sociale, nous assistons à la banalisation de l'absence du tiers, notamment du fait des séparations et divorces fréquents, des progrès dans l'autonomie des femmes, des changements de statut et surtout de l'affirmation des femmes qui n'acceptent plus de tout sacrifier à la paix familiale.

Les hommes, face à ces changements, ont souvent un sentiment de perte de repères. Leurs modèles d'identification semblent inutiles face à cette nouvelle donne. Ou bien encore, ils restent fidèles aux patriarches d'autrefois qui semblent désormais ridicules (on peut aussi comparer les films d'Ozu *Bonjour* et *Fleurs d'Équinoxe*, où il montre la difficulté du père à avancer avec son temps en acceptant de s'éloigner et de se séparer de l'identification d'avec leur propre père et de ses principes caducs liés à un autre temps social.

Nous savons à quel point, pour réussir à être deux, il faut que le tiers qui sépare et modèle la relation mère-enfant existe. Sinon, nous sommes dans le couple mère-enfant où c'est toujours l'un. Et, comme Almodovar, dans le « tout sur la mère », autrement dit le tout sur lui.

Peut-être, pour les individus qui se débattent pour exister en tant qu'individus, la quête du père absent contient-elle l'idéalisation et un besoin d'amour sans limites. La mort du père ou sa négation serait donc le produit d'un dépit amoureux. Une quête sans espoir qui mènerait à l'affirmation d'un objet indésirable. L'affirmation de soi, d'une existence possible serait donc la négation d'une dépendance ou d'une identification à une absence, à une ombre.

Mouvement psychique parallèle et conséquent à celui de la mère. Quand la mère, une fois perdue ou éloignée de l'homme qui la fait mère, procède par dépit amoureux à son annulation. Si je ne peux pas l'avoir, alors il n'existe pas. Donnant à l'enfant toutes les places et en conséquence tous les poids.

Après Mai 68 et la révolte contre le père, nous nous trouvons dans un processus en marche où l'image du père paraît définitivement morte. La société semble se passer du père et attire des modèles d'hommes sans autorité ni responsabilité aucune, des hommes dépourvus de tout surmoi, comme le montre *Volver*. Cette difficulté à grandir exprime l'infantile pervers polymorphe. Nous avons affaire à des adultes coincés dans l'adolescence qui jouent à Peter Pan, toujours jeunes et libres.

Tuer l'image du père, pour ne pas reproduire le modèle, conduit à l'éviter pour soi car son destin est funeste. Dès lors, des existences se maintiennent entre une existence en solo sous le règne du principe de plaisir. Tout vaut mieux que l'identification à un père nié.

L'absence de surmoi va de pair avec la non-identification au père et produit un manque chez l'homme qui est lourd de conséquences. Avec le père perdu et en quête de soi-même, le jeune homme est conduit à être seul à se débattre face à des forces primitives encore plus cruelles qu'un surmoi résultant de l'identification au modèle paternel. L'homme qui renonce facilement à sa paternité comme seule réaction possible aux changements chez les femmes renonce aussi à une stabilité affective qui peut être apportée par une paternité créatrice.

Penser et accepter que les enfants soient seulement le fait des mères annule l'inscription dans la transmission générationnelle.

Quand le père arrête de servir de modèle identificatoire et manque à toutes ses tâches de transmission, il reste bloqué sur lui-même et éloigne la possibilité d'un ailleurs, d'une continuité affective. Tous les mouvements de révolte contre le père, de reconnaissance de ses droits et autres revendications de cet ordre sont les premiers signes de cette prise de conscience.

Après un éloignement de ces femmes si différentes, les hommes, certains hommes, amorcent une reprise de leur place d'homme et de père. Même si nous sommes actuellement en pleine mutation, il reste encore des points obscurs sur tous les questionnements que ces mouvements réveillent.

Aujourd'hui, nous voyons apparaître une jeunesse un peu différente. Certains jeunes adultes semblent avoir élaboré leur histoire de façon plus nuancée et moins passionnelle. Leur relation aux femmes a évolué et apparaît sous des formes très différentes. Des hommes revendiquent leur paternité et même leur virilité. Des jeunes sont plus tolérants et ouverts à tous les changements sociaux. Dans les familles recomposées, les hommes prennent leur place même avec des enfants d'autres lits. On constate une acceptation des destins individuels touchant par exemple à l'homosexualité, en conscience des problèmes que cela réveille. Des possibilités d'histoires singulières et personnelles nouvelles et plus libres apparaissent. Revenant parfois sur des valeurs anciennes considérées à leur juste valeur et se dirigeant dans le sens d'un plus grand respect pour autrui.

Ces mouvements, du moins les plus favorables, pourraient annoncer des changements et un nouveau partage des rôles dans la succession des générations. Mais, ils témoignent aussi de quêtes allant dans le sens d'un besoin égocentrique et narcissique, réalité où beaucoup de jeunes hommes semblent aujourd'hui enclavés.

La complexité des problèmes actuels nous laisse devant des interrogations ouvertes qui continueront de nous questionner diversement dans les temps à venir.

DÉSIR D'ENFANTS : DE QUI EST-CE L'AFFAIRE[1] ?

par Henri ATLAN

Plusieurs questions concernent l'enfant. Tout d'abord, avant même qu'il ne naisse, qu'en sera-t-il de son développement intra-utérin du fait de l'absence de relations normales entre la mère et le fœtus ? On connaît l'importance de ces relations faites de *sensations communiquées de l'une* à l'autre, *conscientes et inconscientes, qui ne peuvent pas ne pas jouer un rôle dans le développement*. Mais on ne connaît pas vraiment, sinon par des conjectures plus ou moins hasardeuses, quels sont dans le détail les voies de communication et les mécanismes par lesquels cette symbiose mère-fœtus agit sur l'affectivité et, plus généralement, sur la personnalité du futur enfant. Quels seront, de ce point de vue, les effets du remplacement de l'utérus maternel par un utérus artificiel ? On en est réduit à faire preuve d'imagination et, comme souvent en

1. Extraits de *L'Utérus artificiel*, 2005. Avec l'aimable autorisation des éditions du Seuil.

matière d'innovations technologiques, la science-fiction peut y aider.

Signalons donc un film télévisé projeté il y a quelques années, qui mettait en scène quelques-uns des problèmes auxquels faisait face un couple contraint de faire « porter » son enfant par un utérus artificiel. Il s'agissait au départ d'hétérosexualité classique, si l'on peut dire, ayant déclenché chez la femme, par fécondation tout ce qu'il y a de plus naturelle, une grossesse normale et désirée. Mais celle-ci se voit brutalement arrêtée par un accident de voiture. Dans les heures suivant l'accident, il devient évident qu'un avortement est inévitable. C'est alors qu'on découvre le parrain de cette femme qui se trouve être un grand médecin, chercheur en biologie de la reproduction, travaillant depuis plusieurs années à la mise au point d'un utérus artificiel ! Il vient justement de réussir plusieurs tests sur des chimpanzés qui ont abouti à la naissance normale de bébés singes développés dans ces conditions. Désireuse de sauver son enfant, la future mère est prête à ce que l'embryon soit transféré de son propre utérus dans la machine de l'inventeur. Celui-ci est très tenté de franchir le pas et, en même temps, plein de scrupules, comme il se doit, devant les risques inconnus que comporte toujours la transposition d'une technique nouvelle de l'animal à l'homme. Le mari, d'abord horrifié par cette perspective, se rallie peu à peu au désir de sa femme. En parallèle, le médecin demande son avis à un comité d'éthique, mais celui-ci, au terme de délibérations difficiles, interdit de procéder à cette expérimentation. Désarroi, nouvelles questions. Finalement, le médecin et la femme décident de passer outre et procèdent clandestinement au transfert d'embryon. Le mari n'est mis dans le secret qu'après coup. Commencent alors les longs mois de gestation dans la machine. Celle-ci a un avantage évident sur un utérus naturel : on peut observer ce qui s'y passe beaucoup plus facilement que ce que permettent les images obtenues par échographie. Se met alors en place, toujours dans la clandestinité qui dramatise encore plus la situation, un ensemble d'échanges entre le futur enfant dans la machine, le médecin et le couple de parents, la mère au premier chef. Celle-ci essaie, autant que possible, de remplacer les communications inconscientes de la grossesse par des stimulations provoquées à travers les parois de l'utérus artificiel. Évidemment, elle parle au fœtus, mais elle tente aussi de reproduire les mouvements de son propre corps qu'il aurait ressentis s'il était resté dans son ventre. La machine est donc animée de mouvements de toutes sortes, balancements et autres, censés simuler ceux du corps de la femme. Le mari n'est pas en reste. Lui aussi parle et contribue à stimuler le fœtus en lui faisant entendre quelques morceaux de musique parmi ceux qu'avec sa femme ils ont l'habitude d'apprécier.

Le transfert initial de l'embryon hors du corps de la femme avait pu passer inaperçu en étant présenté comme l'avortement planifié. Mais il devient de plus en plus difficile de continuer à cacher la réalité au fur et à mesure que le fœtus grossit et que la poursuite de la gestation dans ces conditions nécessite une attention soutenue du médecin et du couple. Plusieurs péripéties sont marquées par différentes étapes du développement, où se pose chaque fois la question d'interrompre l'expérience, de faire naître le bébé avant terme ou de continuer. Finalement, le pot aux roses, si l'on peut dire, est découvert au moment de la naissance planifiée, « délivrance » particulièrement bien nommée. Le film se termine sans que l'on sache vraiment ce qu'il en est du bébé, bien que l'on puisse supposer que tout se passera bien !

Cette histoire est intéressante comme *préfiguration partielle de ce que pourrait être une gestation artificielle,* avec peut-être la clandestinité en moins, si l'on admet que les conditions puissent être un jour réunies pour que l'expérience soit tentée ouvertement avec l'approbation de la société, éventuellement par comité d'éthique interposé. *Rien ne dit,* a priori, *que les conditions d'une telle gestation, surveillée de cette façon, soient plus pathologiques que celles d'une gestation naturelle.* La diversité pratiquement infinie des conditions dans lesquelles sont vécues les grossesses, depuis toujours, semble en effet indiquer *une grande capacité d'adaptation des fœtus arrivant à terme, aux modes de vie et aux comportements divers et variés des femmes qui les portent.* On peut donc imaginer qu'*ils puissent s'adapter aussi à des conditions artificielles* visant à reproduire certains de ces comportements.

Mais là n'est pas le seul problème auquel devront faire face les enfants nés de cette façon. En supposant que des bébés physiologiquement normaux soient nés, quels seront les retentissements de cette technique sur la suite des événements ? Dans quelles conditions seront-ils élevés et se développeront-ils comme enfants, puis adolescents jusqu'à devenir des adultes autonomes ?

Dans le cas du film, tout semble devoir se passer pour le mieux, puisque l'enfant va être élevé par ses deux parents avec tout l'amour qu'on peut imaginer, étant donné les circonstances de son sauvetage.

En sera-t-il de même quand la technique ne sera pas appliquée seulement pour pallier des impossibilités de grossesses désirées, mais tout simplement pour faire naître des enfants sans en passer par les contraintes d'une grossesse non désirée ?

Certains de ces enfants seront certes désirés, mais leur relation charnelle avec leurs parents ne sera plus une donnée initiale de leur existence, leur naissance ne sera plus un accouchement du corps de leur mère. Plus exactement, *cette donnée-là n'existera plus dans l'expérience d'une femme* et, si tant est qu'elle élèvera l'enfant « comme une mère », le contenu des représentations ayant nourri son sentiment maternel sera en quelque sorte « décharnélisé », dépourvu de cette référence à l'accouchement qui reste encore *un déterminant important, sinon le déterminant principal,* de la maternité. Pour l'enfant lui-même, pendant ses premières années, il n'est pas évident que des conséquences importantes soient inévitables. Le temps n'est pas si éloigné où les enfants en bas âge se représentaient leur naissance en dehors de toute référence génitale à travers des contes de fées. Ces mythes d'origine leur représentaient leur arrivée au monde « dans un chou » ou « amenés par des cigognes », à la demande de leurs parents évidemment, mais sans que cela impliquât pour autant dans leur imagination la proximité charnelle, et encore moins la fusion avec le corps de leur mère.

C'est en revanche pour celle-ci que le changement risque d'avoir d'emblée des conséquences importantes. La suppression de la grossesse et de l'accouchement, bouleversant la réalité physique de la maternité, risque d'entraîner sinon la disparition de tout sentiment maternel, du moins des modifications profondes dans la façon qu'aura une femme de concevoir et de vivre une maternité éventuelle. En fait, *la maternité dans les conditions d'une ectogenèse deviendrait très proche de la paternité*. Une filiation biologique resterait possible, mais elle serait réduite, comme dans la paternité, à la réalité microscopique, cellulaire et génétique, de l'ovule ou du spermatozoïde. Par rapport à l'histoire d'un enfant, qui commence à sa naissance, il s'agit là d'une réalité préhistorique, ou archéologique, qui ne peut être l'objet que de représentations abstraites, pour les parents comme pour l'enfant, informes et difficilement rattachées au bébé qui vient au monde avec son corps et son visage d'être humain. C'est là que le suivi attentionné du développement intra-utérin dans la machine, comme nous le fait imaginer le film, aura probablement une importance déterminante sur le développement des relations maternelles et paternelles. Il n'en reste pas moins que la maternité, en l'absence de grossesse et d'accouchement, qu'elle soit biologique (cellulaire-génétique) ou non (si la cellule initiale provient d'une autre femme), ne sera plus immédiatement donnée. Comme la paternité, *elle devra être construite*.

La différence des sexes dans la procréation et la filiation aura disparu en tant que donnée de la nature immédiatement perçue.

Cela nous amène aux conséquences sociales et anthropologiques plus larges : bouleversement ou disparition progressive de la différence des sexes.

L'estimation des retombées socioculturelles de la future ectogenèse constitue un double défi. D'une part, à côté des bénéfices proprement thérapeutiques que l'on peut imaginer, on ne peut pas ignorer les conséquences possibles sur les conditions de la naissance et de l'élevage des enfants, et leur démultiplication par l'effet facilitateur qu'elle aura sur d'autres pratiques éventuelles, telles que le clonage reproductif et les conditionnements de toutes sortes, génétiques ou autres. Cet aspect de la question a déjà été évoqué. D'autre part, elle met en jeu des revendications féministes contradictoires.

Le féminisme moderne s'est développé dans le cadre de l'individualisme des droits de l'homme, qui s'est imposé comme idéologie dominante des démocraties occidentales. Le courant *identitaire* revendique l'égalité des droits des femmes et des hommes sur la base de leur identité essentielle, les différences entre les genres étant socialement construites, suivant l'affirmation fondatrice de Simone de Beauvoir, « on ne naît pas femme, on le devient », complétée aujourd'hui par Élisabeth Badinter qui affirme qu'« on ne naît pas homme, on le devient ». Mais un courant *différencialiste* s'est développé de façon réactionnelle, sur la base de différences à la fois biologiques, où la maternité réelle ou potentielle joue un rôle déterminant, et psychologiques, à l'origine de caractéristiques morales proprement féminines. À la limite, celles-ci conféreraient une sorte de supériorité morale « naturelle », du fait du rapport plus immédiat à la nature et à la vie, dont la relation maternelle, surtout mère-fille, éventuellement relayée par la relation lesbienne, permettrait de faire l'expérience. Cette idéologie culmine dans une forme féministe de l'« écologie profonde », où la domination humaine sur la nature est dénoncée comme celle des hommes sur tout ce qui n'est pas eux, c'est-à-dire les femmes au même titre que les animaux et les arbres. D'où cette forme de féminisme, qui renouvelle dans la modernité l'ancienne guerre des sexes. Mais, à travers les oppositions de ces différents courants, il existe un dénominateur commun aux luttes féministes modernes, précisément enraciné dans le droit des femmes à disposer de leur corps. Pour Nancy Huston, cet enracinement joue le rôle d'une « conviction morale qui, pour n'être pas toujours explicite, n'en est pas moins exprimable. Cette conviction peut être formulée à peu près comme suit : toute fille et toute femme, quelle que soit leur appartenance nationale, culturelle ou religieuse, doivent être respectées dans leur intégrité et considérées comme les propriétaires exclusives de leur corps. Ce corps ne peut et ne doit, du seul fait de son appartenance au sexe féminin, être ni vendu, ni échangé, ni battu, ni mutilé, ni pénétré de force, ni obligé de porter un enfant ».

Alors que les luttes pour l'égalité, notamment économique et politique, sont encore loin d'avoir atteint leurs objectifs, cette conviction très largement partagée constitue la force principale du féminisme, tous courants confondus. C'est pourquoi, dès que sa réalisation technique le permettra, il sera très difficile, sinon impossible, d'empêcher la diffusion des pratiques d'ectogenèse si elle s'inscrit, comme la contraception et l'avortement, dans une revendication de ce droit par celles qui voudront, pour quelque raison que ce soit, en bénéficier. Mais on voit bien comment cette revendication sera contradictoire avec la lutte pour la maîtrise maternelle-matricielle de la procréation et contre le pouvoir des pères relayé par celui des « pharmacrates ».

Il est donc probable que beaucoup de femmes ne voudront pas renoncer à cette maîtrise, que celle-ci soit réelle ou imaginaire d'ailleurs. Sans même entrer dans cette dynamique de guerre des sexes, et toujours au nom du droit individuel de chaque femme à disposer de son corps, beaucoup ne sont pas prêtes aujourd'hui à renoncer à porter des enfants et à les faire naître en accouchant. Loin de voir seulement des servitudes à éviter dans la grossesse et l'accouchement, elles y voient une bénédiction et un bonheur exceptionnels, un privilège par rapport à ceux et celles qui n'en font pas l'expérience. Mais si les sociétés de demain restent démocratiques et individualistes sur le modèle des sociétés occidentales actuelles – ce qui est loin d'être certain par ailleurs –, on peut parier que les choses évolueront comme à propos de la contraception et de l'avortement, et aussi de l'allaitement : les femmes revendiqueront et obtiendront la liberté de choisir d'enfanter comme elles le voudront, en mobilisant leur corps dans ce but pendant neuf mois ou en faisant faire le travail par « leur utérus » artificiel. Il faut noter que, dans la seconde éventualité, leur corps sera encore mobilisé, peu de temps certes, mais assez pour qu'un ovule y soit prélevé par une petite intervention chirurgicale. Égalité entre les sexes encore imparfaite, donc, puisque le prélèvement de sperme chez les hommes leur épargne toute intervention de ce genre. À moins que, d'ici là, les techniques aient encore évolué, soit en rendant les prélèvements d'ovules de plus en plus faciles, soit même en s'en dispensant par la culture en laboratoire de stocks d'ovules identiques à ceux que chaque femme produit dans ses ovaires.

Quoi qu'il en soit, la revendication féministe de la seconde moitié du XXe siècle, « *un enfant* si je veux, *quand je veux* », sera complétée par « *comme je veux* », et la technique devra suivre, tant bien que mal. Car, comme on l'a vu, l'offre et la demande des nouvelles techniques de procréation se renforcent l'une l'autre. « Un enfant quand je veux » semblait découler normalement du « si je veux ». Mais la technique qui avait facilité et banalisé la contraception n'était pas – et n'est toujours pas – aussi efficace pour permettre d'enfanter à n'importe quel âge. D'où l'envol de la procréation médicalement assistée permettant aux femmes, qui auraient pu enfanter plus jeunes sans médicalisation, de le faire plus tard, éventuellement après avoir assuré leur carrière professionnelle.

Quand cette évolution aura atteint un nouveau palier avec la mise à disposition d'utérus artificiels, de nouvelles identités féminines et masculines émergeront nécessairement. Des rapports nouveaux, jamais vus nulle part, s'établiront entre celles et ceux que l'on continuera – peut-être – d'appeler hommes et femmes.

De quoi seront faits les genres masculin et féminin et leurs articulations, dans ce monde où l'asymétrie des sexes dans la reproduction aura disparu ? Le rôle des géniteurs, paternel et maternel, sera pratiquement le même, réduit à la fourniture de cellules en vue de fécondations ou d'autres modes de procréation dérivés des futures technologies de la reproduction. L'éventail des structures sociales et familiales inventées par les sociétés humaines est déjà très large, comme l'ont abondamment montré les recherches ethnologiques. Mais l'invariant de la reproduction sexuée et de l'asymétrie maternelle a constitué une contrainte de base, autour de laquelle des variations structurelles ont pu se décliner. Demain, cet invariant aura peut-être disparu. Alors, de façon apparemment paradoxale, l'hypermédicalisation de la procréation aboutira à débiologiser les rapports des parents, entre eux et avec leurs enfants. Continuant et achevant peut-être une transformation déjà commencée, la parenté sera de plus en plus sociale et de moins en moins biologique. C'est du moins un avenir possible pour les générations futures. Mais rien n'est définitivement joué. Il est en fait très difficile, sinon impossible, de prédire de quoi sera fait l'avenir de sociétés où la nature des genres et de leurs rapports aura été à ce point bouleversée.

Si l'on veut s'y risquer, c'est à des *gender prospectives* imaginaires qu'il faut se livrer, en remplacement des *gender studies* historiques et sociologiques contemporaines.

AUTOBIOGRAPHIE VIRILE

par Boris CYRULNIK

Il paraît que je suis né en Afrique, il y a trois millions d'années. Il faut bien admettre qu'au moins une femme a dû naître au même moment et au même endroit que moi. Cela m'a obligé à me demander pourquoi il y avait deux sexes plutôt que cinq ou pas du tout. La simple présence d'une femme m'a invité à me poser la question : « Qu'est-ce qu'être un homme ? Et à quoi ça sert ? » S'il n'y avait eu que des hommes, la question aurait été : « À quoi sert le sexe ? » Et s'il n'y avait pas de sexe, il n'y aurait pas de problème.

La différence anatomique constitue donc une première catégorisation du monde. La division des manières d'être humain me permet de mieux comprendre le monde et de m'y engager : être homme, c'est ne pas être femme.

La pensée binaire des enfants les aide très tôt à constituer leur identité sexuelle. L'analyse est un procédé nécessaire pour comprendre le monde, le découper, le rendre clair et manipulable. L'ennui, c'est que ce procédé devient vite abusif parce que dès qu'un enfant de 3 ans se pose cette question, il l'explique forcément avec les données de sa famille et de sa culture. Dès lors, on ne raisonne plus avec le réel de l'anatomie, mais avec les stéréotypes de sa culture et ses désirs inconscients.

Or, quand nous sommes face à un mystère, nous avons tendance à l'expliquer par les phénomènes et les objets que nous voyons autour de nous. Au XVIIe siècle, à l'époque où la culture était friande d'automates « ces machines qui se meuvent de soi-même », disait Descartes, le cerveau a été pensé comme un automate. Quand on a découvert l'électricité, on l'a conçu comme un conducteur électrique, puis chimique, puis magnétique et aujourd'hui, comme un ordinateur, ce qui bien sûr n'est pas vrai.

La condition virile serait-elle pensée avec ce que notre environnement familial et culturel dispose autour de nous ? Puisque notre contexte technologique a été bouleversé en quelques décennies, la virilité est-elle encore ce qu'elle était ? Et si je mets la coupure en 1950, c'est parce qu'en deux générations, 90 % de toutes les découvertes scientifiques et techniques ont été faites à cette époque, composant ainsi autour de nous un nouveau paysage humain où nous puisons les explications de notre nouvelle condition sexuelle.

Admettons que le cerveau existe. La manière dont vous en parlez constitue un implicite idéologique où nous puisons nos éclaircissements et justifions nos discussions relationnelles. Il en est de même pour le sexe : peut-être existe-t-il ? C'est la manière dont on en parle qui organise nos relations.

Chaque fois qu'un homme et une femme font l'amour, c'est toujours les femmes qui sont enceintes.

Il y a donc un déterminant biologique naturel. Mais la manière dont on va parler ce fait constitue une enveloppe idéologique où l'on va puiser nos décisions relationnelles. S'il arrivait qu'une découverte technique donne aux femmes la maîtrise de la fécondité, le paysage sexuel changerait tellement qu'on devrait faire un récit nouveau qui nous inviterait à vivre ensemble autrement.

Or, jusqu'en 1950, on faisait du sacré avec notre sexe et du social avec nos muscles, prothésés par quelques inventions techniques. Le sexe avait un implicite métaphysique : il mettait des âmes au monde. Dans un contexte de santé où l'espérance de vie des femmes était brève, le corps des garçons était considéré comme un outil ou une arme pour faire du social et assumer la fonction de bâton de vieillesse dans une société sans sécurité sociale ni caisse de retraite.

Le corps constituait un destin social : le ventre des femmes et le dos des hommes fabriquaient la société et les récits qu'on faisait de ces faits légitimaient et donnaient sens à des décisions qui n'avaient plus rien à voir avec la nature : l'anatomie tenait un discours social !

La technologie participait déjà à la manière dont on parlait le sexe des hommes. Quand la bricole a été inventée et a permis aux chevaux de tirer un chariot avec leur poitrail et de ne plus être étranglés par le licol, on a constaté que la force musculaire d'un cheval valait celle de dix hommes qui pouvaient donc être affectés à d'autres tâches.

Quand l'explosion technologique du XIe siècle a bouleversé la vie quotidienne grâce au saurage des harengs, au moulin à vent qui permettait d'emmagasiner la farine et surtout au soc de charrue en fer, la force musculaire des hommes a changé de valeur. Les gros hommes qui, grâce à leur poids parvenaient à écorcher la terre prenaient désormais une signification de péquenauds quand on les comparait aux hommes auparavant sans valeur, mais qui avaient compris qu'un soc en fer nécessitait moins de force physique pour entrer dans le sol et protéger les graines[1].

J'ai connu des mineurs qui, dans les années 1960, avaient calculé qu'ils ne pouvaient « nourrir leur famille » que lorsqu'ils parvenaient à extraire dix-sept wagonnets de charbon par jour. Les femmes allaient chercher la paye chaque jour à midi et lorsque leur mari était faible ou avait mal au dos, il ne parvenait plus à remplir que dix wagonnets et il mourait de honte. En revanche, les hommes forts étaient considérés comme des héros familiaux. Ils étaient adulés, on parlait sans cesse de leur courage, les familles de mineurs savaient tout ce qui passait au fond et quand ils ne mouraient pas d'accident ou de silicose, ils sacrifiaient la lumière du jour et une grande partie de leur vie. En échange, comme tous les héros, on leur permettait beaucoup d'excès.

Dans un tel contexte technique et culturel, la violence était une valeur adaptative. Les filles étaient gardées à la maison, domestiquées, tandis que les garçons étaient envoyés en pension où les châtiments corporels, extrêmement violents, étaient considérés comme moraux afin de dresser un garçon qui sans cela aurait été une « bête sauvage[2] ». Ces garçons devenaient des adolescents accoutumés à la violence

1. F. Tinland *La Différence anthropologique. Essai sur les rapports de la nature et de l'artifice*, Paris, Aubier Montaigne, 1977.
2. C. Bonnet. *L'Enfant cassé*, Paris, Albin Michel, 1999.

contre les animaux, les filles, les faibles et entre eux. Rixes d'ouvriers et entre voisins, apaches qui défendaient leur territoire, même contre la police, les mariages, les bals populaires se terminaient souvent par des bagarres. Et si un homme refusait le combat, il était considéré comme un lâche[1].

L'Honneur, ce beau mot permettait de sacrifier les héros et de tyranniser les femmes. Les familles bourgeoises élevaient les petits garçons avec des cheveux frisés à l'anglaise et des robes de dentelle, puis à l'âge de 7 ans, on leur rasait la tête, on les habillait en homme et on leur apprenait à se battre, parce qu'ils ne pouvaient pas traverser la vie sans guerre ou sans bagarres.

L'Honneur permettait de sacrifier les hommes qui devaient souffrir sans un mot, on admirait leur courage. Grâce à ce mot, les petits garçons descendaient à la mine dès l'âge de 12 ans, s'engageaient dans les armées, et travaillaient sans se plaindre. Les squelettes d'hommes dans les sépultures étaient plus âgés que ceux des femmes et souvent polyfracturés, ce qui ne les avait pas empêchés de travailler. Il valait mieux mourir qu'être déshonoré, ce qu'ont fait les saint-cyriens pendant la guerre de 1914. Ils ont mis leur casoar et leurs gants blancs pour aller se faire mitrailler courageusement et inutilement. Les capitaines de vaisseau coulaient avec leur bateau, au garde-à-vous, en saluant le drapeau, alors qu'ils auraient pu se sauver avec l'équipage. Quand un homme était déshonoré par sa femme, on comprenait qu'il la batte et parfois même la tue lors d'un crime passionnel qui était considéré comme une

1. A. Rauch, *Le Premier Sexe. Mutation et crise de l'identité masculine*, Paris, Hachette Littératures, 2000.

circonstance atténuante. Le problème, c'est que certains hommes se sentaient déshonorés quand leur femme dépensait trop ou que le repas n'était pas prêt. L'Honneur qui menait les hommes au sacrifice permettait la maltraitance des femmes.

Quand un ouvrier fait un travail de force où chaque geste est une douleur, dix heures par jour, plus le trajet à pied, il a tendance à estimer que la maison est un endroit protégé[1], ce qui a été le cas jusqu'au XXe siècle ! Alors, quand le repas n'est pas prêt, il se sent escroqué par sa femme. Quand, aujourd'hui, un homme travaille trente-cinq heures dans les mêmes conditions que sa femme, la préparation du repas n'a plus du tout la même signification. L'héroïsation des hommes, dans un contexte techno-culturel où la violence organisait les rapports sociaux banalisait la brutalité domestique. C'est une preuve de pathologie sociale dont les femmes font les frais.

L'héroïsation des hommes a abouti à la tragique caricature du nazisme où des petits garçons étaient entraînés à de merveilleux sacrifices virils. Tout homme incapable de se battre ou de mourir pour la patrie était considéré comme efféminé, honte suprême.

Cette virilité permettait de transcender les rapports de domination : si nous sommes deux, contraints à vivre ensemble, l'un de nous va dominer l'autre et lui imposer sa conception du monde ou ses désirs, grâce à sa force physique, sa violence effrayante, son emprise psychique, son portefeuille ou sa technologie. Celui qui sera dominé va en être humilié se préparant ainsi à la démission ou à la vengeance. Mais si les par-

1. P. Ariès, G. Duby *Histoire de la vie privée*, tome III, Paris, Seuil, 1986.

tenaires s'associent pour obéir à un tiers (Dieu, la patrie, un philosophe ou un patron) afin de réaliser un projet social, l'obéissance désormais les conduira à la victoire puisque en s'associant ils se rendent plus forts. L'humiliation de la soumission a été métamorphosée en obéissance triomphante.

L'idéologie nazie apprenait aux hommes à obéir au chef. Quant aux femmes elles devaient obéir aux hommes afin de participer à la victoire et faire triompher leur conception de la société. Dans le contexte techno-culturel de l'industrialisation, les hommes servaient les machines ou l'armée et les femmes servaient les hommes et la famille. L'ordre régnait et les soumis participaient au triomphe de la pensée du chef, du philosophe ou du patron : l'obéissance menait au pouvoir !

Un mouvement féministe américain soutient que le machisme mène au nazisme et qu'il n'y avait donc pas de femme nazie. En effet, le nazisme a virilisé les hommes jusqu'au crime, mais beaucoup de femmes ont aimé et participé à ce mouvement[1].

Lorsqu'elle est en paix, une société élit des héros paisibles : le gentil Zidane, le courageux Kouchner, la rigolote sœur Emmanuelle offrent des images de héros éphémères. Mais, lorsqu'une société est en souffrance, elle fabrique des héros tragiques : Ivan le Terrible, Jeanne d'Arc et Jean Moulin n'hésitaient pas à faire la guerre avant de mourir pour le peuple et d'entrer dans la postérité.

Cette fonction de héros sauveurs puis sacrifiés existe encore quand les conditions d'existence sont difficiles. Les cap-horniers savaient que la navigation

1. P. Reichel *La Fascination du nazisme*, Paris, Odile Jacob, 1993.

serait une torture quotidienne, mais qu'ils pourraient nourrir leur famille. L'urbanisation à partir du XVIIIe siècle n'a pas hésité à sacrifier des ouvriers qui dormaient par terre sur les chantiers, mangeaient au hasard et envoyaient leur salaire à leur famille restée au pays. La technologie du XXIe siècle et les droits de l'homme donnent aujourd'hui aux femmes le pouvoir de devenir à leur tour des héros sacrifiés : les femmes roumaines, les mères philippines s'engagent dans des pays riches afin de permettre la survie de leur famille. On admire ces héros, on les adore, ils sont nos élus, mais, puisqu'ils vivent au loin, on ne s'y attache pas et, quand ils rentrent au pays, la famille et les enfants pour lesquels ils se sont sacrifiés les considèrent comme des étrangers. Alors, les héros souffrent de cette escroquerie affective.

Dans une culture où la violence possède une fonction socialisante, un homme qui tombe amoureux est un homme ridicule puisqu'il perd sa virilité en désirant vivre auprès d'une femme. Saint Paul va dans ce sens quand il dit que, si un homme désire se marier, il renonce aux belles aventures humaines de la robe du prêtre ou de l'épée du guerrier. Les hommes efféminés et les « pédés » sont accablés de mépris. Les mères ne traitent plus de « femelette » le petit garçon qui pleure, elles ne mettent plus d'alcool dans son biberon « pour en faire un homme ».

Le sexe ne fabrique plus de social, mais tisse de plus en plus de lien affectif. Le mariage arrangé est une déclaration de paix chez les aristocrates, une préservation des biens chez les bourgeois et les propriétaires terriens. Chez les prolétaires qui n'ont que leurs bras pour tout capital, le couple concubin a une fonction d'entraide, dans une société où l'aide sociale est réduite à la charité.

Dans un tel contexte, mettre au monde un enfant est une production sociale. Une reine doit faire un enfant, mâle de préférence, afin de poursuivre la politique du papa roi. Et quand un roi ne roidit plus, il est jugé en place publique[1] puisque son impuissance supprime sa fonction sociale. Un homme du peuple doit planter des enfants dans le ventre de sa femme qui, elle, doit mettre au monde de futurs soldats, des ouvriers et des maîtresses de maison. L'érotisme dans le couple, dans un tel contexte, n'a aucune fonction et prend même le sens d'un égoïsme pervers.

La séparation des sexes aide à l'identification psychologique et la séparation des rôles sociaux, elle, structure le groupe et facilite son fonctionnement, au prix du développement des personnes. L'initiation différente selon les sexes participe à cette « aliénation structurante » dont parlait Lacan. Les catégories sont claires, les identités sont étayées. Quant aux personnalités elles sont entravées : il n'y a qu'une manière d'être homme ou femme. Toute déviance est sanctionnée par la prison ou l'asile. Les hommes doivent se battre contre les animaux, les envahisseurs et le froid. Et les femmes doivent porter des enfants et se consacrer aux autres en renonçant à leur épanouissement personnel.

Aujourd'hui, le sexe n'est plus sacré, le muscle ne fait plus de social, la violence ne provoque plus l'admiration, on n'héroïse plus les petits garçons. Dans un contexte technique, cultivé et en paix, on fait du social avec des diplômes, on fait de la relation avec des mots

1. A. Rauch, *op. cit.*, p 24.

et on communique avec des robots. La violence, la virilité et le mépris de l'amour ne sont plus des valeurs adaptatives.

Dans ce progrès incontestable, on voit apparaître de nouvelles formes de pathologies : les impuissants heureux, des hommes qui, comme Kant ou Newton, cherchent à se libérer de la tyrannie du sexe.

Quand, enfin, leur désir s'éteint, la vie devient douce et paisible quand on ne subit plus les orages du désir. Le *free sex* ne concernait qu'un homme de temps à autre. Aujourd'hui on voit des hommes se grouper pour réclamer des médicaments afin d'éteindre le désir qui les soumet au bon vouloir des femmes. Enfin libres, ils peuvent organiser une vie quotidienne remplie de petits plaisirs pépères. Le désir masculin devient trop coûteux, il empêche la vie d'adolescent prolongé, les plaisirs du sport, des voyages organisés, des distractions et tout ce qui fait vivre dans l'immanence délicieuse. D'ailleurs, dans ce projet d'existence, ils rejoignent les femmes qui revendiquent la liberté de vivre ainsi, avec un homme de temps en temps, 0,7 enfant, un métier plutôt agréable, une vie quotidienne bien organisée et centrée sur soi. La fonction transcendante du sacrifice, de la mégalomanie et de la fièvre de l'amour passion provoque plus de fatigue que d'exaltation. Peut-être est-ce la raison pour laquelle 25 % des adolescents épanouis vivent le premier amour comme un traumatisme[1] ? Peut-être est-ce à cause de la crainte de l'engagement que le nombre de dépressions du pré-partum augmente ces derniers

1. B. Cyrulnik, M. Delage, M. N. Blein, S. Bourcet, A. Dupays, « Modification des styles d'attachement après le premier amour », à paraître, accepté *Annales médico-psychologiques*.

temps ? Les « moi-forts » osent demander le divorce car ils se sentent assez confiants pour recommencer une vie. Mes « moi-vulnérables » subissent les valeurs dites « traditionnelles » et acceptent la dépendance affective par crainte de ne pas savoir vivre seuls.

Pourrait-on vivre sans affection, mener une existence régressive, se lever à onze heures, faire un brin de ménage, une petite course dans une grande surface, un jogging, une sortie avec les copains et quelques petits boulots de temps à autre ? Enfin libres ! Ces hommes ne veulent surtout plus être des héros, ni même des anti-héros. Ce sont des non-héros qui vivent dans de petits plaisirs, dans un train-train sans honte, comme 13 % des Américains de moins de 30 ans. Il n'y a pas longtemps, un homme aurait préféré mourir plutôt que de vivre une telle vie de plaisirs immédiats.

Dans les sociétés occidentales, l'OMS, en comparant les systèmes de protection sociale démontre que plus la solidarité technique se développe (communication par machines, amélioration des aides sociales), moins la solidarité affective est nécessaire[1].

La virilité n'est plus héroïsée, elle est même ridiculisée et appelée « machisme » à tout bout de champ parce qu'elle coûtait trop cher aux hommes et aux femmes.

Alors ? À quoi servent les hommes ?

On peut dire à quoi ils ont servi. Ils ont impulsé la construction sociale en donnant la mort à la chasse ou à la guerre et en la recevant. Ils ont bataillé dans les usines, dans les campagnes. Ils n'ont plus rien à batailler dans les bureaux, pas mieux que les femmes en tout cas.

---

1. N. Sartorius, *Fighting of mental health*, WHO, Genève, 2004.

Si la paix se maintient et si la technologie continue à progresser, ils ne serviront même plus à planter des enfants puisque à partir d'une cellule-souche on pourra obtenir du sperme qu'on injectera de temps en temps dans le vagin d'une femme qui voudra bien faire encore 0,3 enfant.

Au siècle dernier elles voulaient donner un enfant à leur mari avant de mourir à 36 ans. Aujourd'hui elles veulent donner un père à leur enfant. Demain, on cherchera les pères et les enfants, avant de mourir à 120 ans.

Bien sûr, il s'agit d'une tendance, d'une extrapolation. On peut donc prédire que c'est un autre schéma qui se réalisera, pour la première fois dans l'histoire humaine.

UN RÊVE PAS COMME LES AUTRES[1]

par Christophe GIRARD

Mon fils apprécie le couple que je forme avec Pascal. Pour autant, il ne semble pas s'en inspirer pour ses propres relations amoureuses. Et l'hétérosexualité de Benjamin est pour moi un soulagement. Il n'est évidemment pas question de jugement moral de ma part, mais, pour avoir connu le chemin du combattant, je ne peux le souhaiter à mon enfant. Certes, le temps viendra, je le crois et l'espère, où ce que j'ai dû affronter en France, comme la grande majorité des homos, ne sera qu'un lointain souvenir. Aujourd'hui, la vie d'un homosexuel est encore à bien des égards épuisante. En outre, j'entends déjà, si Benjamin avait été homosexuel, ce qu'on aurait dit : « Évidemment, son fils est homo ! Les homos font des homos ! » Le préjugé, le regard ségrégationniste, l'hostilité et le mépris ne sont pas près de disparaître. C'est pour ces

1. Extraits de *Père comme les autres*, 2006. Avec l'aimable autorisation de Hachette Littératures.

raisons que son hétérosexualité me soulage. Il ne sera pas plus heureux sans doute, mais quelques difficultés lui seront épargnées.

Pour ce qui est des relations familiales, mon homosexualité était donc une donnée, certes originale, mais qui n'a jamais été un problème. Et c'est ce qui a permis qu'à l'extérieur, en société, à l'école notamment, les choses se soient passées dans la sérénité. Il est vrai que je n'habitais pas la même ville que Benjamin ; en outre, à l'époque où il était adolescent, je n'avais pas encore fait le choix de la vie publique et, même si j'intervenais ici ou là dans la vie associative, je n'étais pas vraiment exposé. Mon prénom était rarement évoqué, et mon nom est des plus commun. Par conséquent, Benjamin n'a pas eu à pâtir de mes engagements auprès de ses camarades de classe, et ceux-ci, m'a-t-il toujours dit, ne lui posaient pas de questions. Si toutefois cela s'était passé, s'il avait subi des insultes à cause de son père, nous aurions fait front ensemble. Ne m'étant jamais caché, je n'aurais eu aucun problème à me confronter à cette situation, à rencontrer les professeurs, les élèves et les auteurs des agressions, je n'aurais jamais laissé faire. Je pense qu'il faut réagir tout de suite, mais c'est encore une preuve que la vie d'un homosexuel et, par contagion, celle de ses proches sont avant tout un combat.

La responsabilité de l'école est à la fois cruciale et délicate : savoir présenter et faire accepter les différents modèles familiaux en les intégrant dans la palette de la diversité humaine sans insister, précisément, sur les différences « parentales ». C'est à cette condition que l'école peut véritablement remplir sa tâche, et, par là même, qu'elle permet de faire évoluer la perception des nouveaux modèles parentaux. La puissance publique a, à cet égard, un travail de réflexion et de prévention gigantesque à accomplir qui sera peut-être un jour mené par le Conseil national des programmes et par les enseignants.

On peut juger du degré de liberté d'une société à la façon dont elle traite la parité, l'intégration, la laïcité et l'égalité des droits. Si la société a progressé en acceptant et en reconnaissant les métissages, elle a aussi régressé. Le judéo-christianisme – aujourd'hui renforcé par l'islam – n'a pas totalement déserté nos écoles laïques et aucun intégrisme n'accepte l'homosexualité ni l'esprit de la loi sur la parité. Une nouvelle homophobie et une nouvelle misogynie, doctrinales celles-là, voient le jour et se développent. Elles se propagent peut-être plus facilement encore dans les milieux défavorisés, où la tolérance en matière sexuelle est parfois vécue comme un luxe. Les apparences sont trompeuses sur l'acceptation réelle de la parité et de l'homosexualité.

Parfois, lorsque j'observe la société, je me demande si les femmes homosexuelles n'ont pas une longueur d'avance puisqu'il semble que l'on accepte mieux qu'elles élèvent des enfants, seules ou en couple. Peut-être parce que ce sont elles qui les portent, peut-être aussi parce que le modèle matriarcal est encore très puissant. Presque partout dans le monde, une grand-mère, des sœurs, une mère se partagent souvent l'éducation des enfants, sans que la figure masculine n'intervienne. Quel est cet obstacle invisible auquel sont confrontés les pères et leurs enfants ? Est-ce la féminisation prêtée à l'homme en charge de l'éducation des enfants qui perturbe le machisme ambiant ? Une version « anti-papa poule » déjà stigmatisée dans les années 1980 ? Le travail d'acceptation de la société sera sans doute plus long à accomplir pour les couples d'hommes en charge de l'éducation quotidienne des enfants. Et pourtant, lorsqu'il m'arrive, à l'étranger, d'accompagner l'un de mes amis gays à la sortie de l'école de ses enfants, j'assiste à un spectacle réjouissant : le nombre de couples d'hommes ou de femmes qui viennent chercher leurs enfants est étonnant. Les enfants ne semblent se soucier de rien, courent partout, crient, se tapent dessus, comme tous les enfants. Sans doute, lorsqu'ils sortent dans la rue, prennent le métro, partent en voyage avec leurs deux pères ou leurs deux mères, certains les montrent du doigt ou les remarquent. Mais c'est justement l'école qui a dans ce cas conquis ce droit, et imposé une normalité par l'égalité. L'école comme zone franche, comme lieu protégé – privilège de New York, de Bruxelles ou de Madrid ? J'aimerais pouvoir croire que ce sera bientôt le cas dans les écoles de la République. Évidemment, je ne suis ni naïf ni crédule au point de penser que ce regard qui différencie cessera un jour, et que le droit à l'indifférence sera pleinement acquis.

L'ÉTERNEL MASCULIN

par Serge HEFEZ

La révolution féminine a contraint les hommes des sociétés démocratiques à vivre une mixité du pouvoir dans les sphères sociales, politiques, professionnelles comme dans celles du couple et de la famille. Certains considèrent ce partage comme une richesse, d'autres le subissent, mais tous en sont bouleversés. S'il est certainement exagéré de parler d'une « crise » du masculin, les interrogations sur la nature de l'identité masculine émergent de plus en plus dans ma clinique des couples et des familles sous forme d'une plainte volontiers exprimée par des femmes et ressentie douloureusement par des hommes. Alors que des pères sont de plus en plus présents et investis auprès de leurs enfants, alors que des amants sont davantage éclairés sur les mystères de la jouissance féminine, alors que des conjoints jouent sur un pied d'égalité et font l'éloge de la transparence, cette plainte s'exprime sous la forme de : « Il ne remplit pas correctement son rôle de mari » ou : « Il n'est pas un père acceptable. »

Ainsi, cette mère qui rentre au foyer après sa journée de travail et qui trouve son conjoint collé à sa fille préadolescente sur le canapé du salon, gloussant et se faisant des chatouilles. Elle intervient fermement pour signaler que l'heure n'est pas à la rigolade et qu'il est temps de faire les devoirs tout en se murmurant à elle-même : « Pourquoi est-ce toujours à moi de jouer à l'homme dans cette famille ? »

Le discours du déclin

Un pamphlet paru récemment connaît un certain succès public. Son auteur, grand reporter au *Figaro*, exhorte les hommes à la révolte : « À quoi ressemble l'homme idéal ? Il s'épile. Il achète des produits de beauté. Il porte des bijoux. Il rêve d'amour éternel. Il préfère le compromis à l'autorité et privilégie le dialogue, la tolérance, plutôt que la lutte. L'homme idéal est une vraie femme. Il a rendu les armes. Le poids entre ses jambes est devenu trop lourd. Aujourd'hui, les jeunes générations ont intégré cette confusion. Les fils ne rêvent que de couple et de féminisation longue durée. Ils ne veulent pas être ce qu'ils sont : des garçons[1]. »

Les responsables de ce désastre ? Les féministes qui « se sont emparées de la vacance du pouvoir, persuadées que l'égalité c'est la similitude » ; les homosexuels, qu'il s'agisse de ces couturiers auxquels « la machine médiatico-marchande donne une puissance inégalée à leurs fantasmes » ou de ces maires de Berlin, Paris et Hambourg « nouveaux maîtres de la culture et de la fête ».

1. Éric Zemour, *Le Premier Sexe*, Paris, Denoël, 2006.

Si les femmes et les gays en prennent pour leur grade tout au long de cet ouvrage, à aucun moment les valeurs masculines ne sont clairement définies en dehors du besoin impérieux pour tout mâle qui se respecte d'assouvir une sexualité débridée. L'homme s'y résume surtout à ce raccourci coutumier : ni une gonzesse ni une tantouse.

Ailleurs, c'est une femme, productrice à France Culture, qui pousse un cri d'effroi[1] : « Au milieu de tous ces hommes qui glosent sur leur "part féminine", sur leur "anima" ou sur leur "grande sensibilité", je suis obligée de préciser que moi j'ai envie de parler des hommes... masculins. Ils se font rares il est vrai, ils ont été recouverts, submergés parfois, par les vagues successives des gentils nouveaux pères (dont l'horizon se réduit au bébé avec bain, petits pots, crèche et papouilles), des amants copains (sans problème et sans souvenir) et des hommes à la maison (guère entreprenants mais si tendres, si cocoonants), [...] et puis par la cohorte des anges, hermaphrodites et indécis, qui se complètent et se complaisent entre eux. »

Mais qui sont donc ces nouveaux hommes incapables d'accomplir leur destin masculin, ces « pères de velours » ou encore ces « métrosexuels », *übersexuels* ou *nosexuels* dont la presse nous rebat les oreilles ?

À travers les époques et les cultures, des hommes ont porté des perruques et des dentelles, se sont, à l'instar des divins Nubas immortalisés par Léni Riefenstahl, maquillés et couverts de bijoux. Ils ont entretenu un rapport contrasté avec les expressions agressives de la virilité selon qu'ils vivaient à Tahiti ou

1. Jaqueline Kelen, *L'Éternel masculin,* Paris, Robert Laffont, 2002.

en Papouasie, et se sont affiliés sans broncher aux rituels de la fidélité, de la polygamie ou du bordel en fonction de ce qui leur était autorisé... Les attributs de la masculinité étaient, il est vrai, prescrits et le libre choix peu compatible avec la dynamique holiste de ces sociétés.

Mais cette idée d'un « déclin » n'est peut-être pas qu'une question d'habillage ou d'expression émotionnelle. Elle accompagne en effet avec une très grande régularité l'avènement des démocraties, l'émancipation des femmes et l'affaiblissement de l'autorité de la société. Le spectre du destin funeste de la masculinité a ainsi alimenté les discours réactionnaires sur la déchéance de la nation, jusqu'à constituer le levier idéologique du fascisme par la rééducation dans les stades et, à l'armée, de la virilité perdue. Éloigner les hommes des femmes puisque leur contact, par une alchimie qui relève de la sorcellerie, ramollit les garçons et les dégrade, a toujours été le signe des sociétés bien ordonnées.

André Rauch[1] a souligné à quel point la guerre de 14-18, en obligeant des millions de femmes à remplacer les hommes mobilisés, à rentrer les récoltes, à diriger les exploitations familiales et à assurer la production des armes dans les usines et les ateliers, a conduit une génération d'hommes meurtris à murmurer qu'elles volaient leur travail, tiraient profit de la guerre et menaçaient l'autorité politique.

La lente libération des femmes, qui s'illustre dans les années 1920 par le mythe de la « garçonne », libre de son corps et de ses désirs, mais surtout par une

1. André Rauch, *L'Identité masculine à l'ombre des femmes*, Paris, Hachette Littératures, 2004.

présence féminine grandissante dans la société civile, a fait le lit de diverses chimères : décadence de la nation, déchéance morale, bref, tout ce qui justifie l'autorité de l'homme sur la société. Rauch évoque ainsi les propos que Drieu La Rochelle fait tenir à l'une de ses héroïnes : « De mon temps, il y avait encore quelques hommes. Ils m'ont aimée ; mais ils ont été tués par la guerre. Maintenant, il n'y a que des pédérastes, des drogués, des eunuques. » Selon un fantasme collectif qui magnifie le sexe masculin érigé, le guerrier est un héros dans une société « où le civil parlemente et bavarde au lieu d'entreprendre et d'agir[1] ».

Et pourtant, près d'un siècle plus tard, les propos sur le déclin des hommes insistent suffisamment pour mériter qu'on s'y arrête. Le cinéma français ou américain s'articule presque uniquement autour des défaillances de la figure masculine : fuites, absences répétées, mutisme, maladie, faiblesse, vie ratée, lâcheté, perversion, impuissance, etc. Les femmes n'ont plus qu'à se débrouiller seules pour survivre, élever leurs enfants, assumer leurs désirs et leur soif d'indépendance. Quant à la quête du père, elle est centrale dans la quasi-totalité des films que j'ai visionnés ces deniers temps.

La fusion maudite

Écoute, proximité, amour, caresses, les hommes jouent à la mère, s'indignait Michel Schneider[2].

---

1. André Rauch, *op. cit.*
2. Michel Schneider, *Big Mother,* Paris, Odile Jacob, 2002.

Ajoutant que, lorsqu'il s'agit des hommes politiques, « c'est la France entière qui est malade, comme certains enfants le sont de leur mère ».

De cette mère citée en exergue, que pouvons-nous penser, sinon qu'il est devenu pesant pour chacun d'instaurer une division, une hiérarchie, une contrainte ?

Un homme, un père, c'est donc cela : un tiers susceptible d'exercer une fonction de séparation... La très classique triangulation œdipienne pointe l'arrête d'un de ses angles ! Et la messe est dite : la fusion, c'est du féminin, ça rend malade ; la séparation, c'est du masculin, ça soigne et ça autorise l'autonomie. Quels que soient les propos, nous retombons toujours à pieds joints sur ce schéma simpliste.

Des psys de plus en plus nombreux alimentent ainsi un discours florissant sur le « déclin des pères », associé à la montée du pouvoir redoutable des mères, responsable de tous les maux de la société. Comme Michel Tort l'a magistralement souligné[1], le Père est en effet une construction historique qui accompagne depuis la nuit des temps les formes les plus traditionnelles de la domination masculine, et qui assure aux pères et aux hommes dans la famille, comme dans la société, le monopole de la « fonction symbolique ». C'est cette figure du patriarcat qui se trouve ébranlée par les nouvelles donnes des rapports de parentalité et des relations entre les sexes.

Comment participer à la réflexion positive sur la fonction paternelle sans ressasser en permanence la nostalgie transcendante d'un Dieu, d'un Roi ou d'un Père qui viendrait mettre de l'ordre dans notre chaos ? Comment dissocier la masculinité du patriarcat ?

1. Michel Tort, *Fin du dogme paternel,* Paris, Aubier, 2005.

Comment penser par exemple un « ordre symbolique commun » dans le couple et dans la famille comme nous l'indique la loi de 1970 qui instaure l'autorité conjointe ?

Car on nous serine inlassablement que le droit de la famille, en accordant une place prépondérante aux mères, a non seulement démantelé le pouvoir de domination des pères, mais a entamé la possibilité pour ceux-ci d'exercer leur fonction parentale sur un pied d'égalité avec elles. D'où les innombrables discours nostalgiques de revalorisation de la fonction paternelle et l'appel à un « naturalisme » qui rétablirait les pères dans une fonction « symbolique » et les mères dans la dispensation des soins aux enfants. L'égalité sociale des sexes est constamment interpellée par un discours psychologisant sur la nécessité fondamentale de l'instauration de la différence pour le bien du développement psychique de l'enfant.

La pensée, c'est la pensée de la différence. Certes. Mais laquelle ? S'il est incontestable que la différence anatomique, physiologique et fonctionnelle des sexes est à la base de l'activité de pensée, que penser, c'est d'abord classer, que classer c'est d'abord discriminer et que la discrimination essentielle est basée sur la différence des sexes[1], qui nous révélera, au-delà de l'anatomie, la vraie nature de cette différence ? Depuis toujours confrontée à la crise affectant le découpage des territoires sexués masculins et féminins, la psychanalyse maintient une position apparemment inébranlable ; elle impose un système de référence s'énonçant sur le mode anhistorique, comme si sa réflexion sur-

1. Françoise Héritier, *Masculin, féminin,* Paris, Odile Jacob, 1996.

plombait les diverses sociétés ainsi que les évolutions culturelles[1].

Faut-il avoir des seins pour faire la vaisselle ?, manifestaient les féministes dans les années 1970... Et nous pourrions ajouter : faut-il avoir du poil au menton pour instaurer une séparation ?

Dans ce contexte, je ne suis pas vraiment surpris par le succès d'ouvrages du type *Les Hommes viennent de Mars et les femmes de Vénus* qui se contentent de constater que l'homme est fait pour la guerre et la femme pour l'amour, et que tout cela figure dans leurs connexions neuronales : ils répondent à une demande très actuelle d'hommes et de femmes qui ont tant de mal à trouver leurs marques. Avoir l'illusion qu'une scène de ménage déclenchée en voiture par la lecture d'une carte routière provient d'une différence dans la configuration du cervelet, et non de la haine inhérente à tout lien affectif a sans aucun doute quelque chose de profondément rassurant...

À quoi rêvent les hommes ?

Élevé par Viviane, la Dame du lac, Lancelot est le modèle du chevalier courtois : puissant et beau, guerrier sans peur et sans blâme, et aussi amant sensible et délicat. Lancelot se montre aussi hardi dans les affrontements, dans les passages périlleux qu'il apparaît réservé, presque timide dans les choses du cœur. Cet homme capable de colère et de déchaînement dans les batailles, cet homme qui par sa vaillance

1. Monique Schneider, *Généalogie du masculin,* Paris, Aubier, 2000.

brise les enchantements, met en déroute les fantômes, lorsqu'il aperçoit Guenièvre à sa haute fenêtre manque de s'évanouir, tout ébahi d'amour[1]...

L'éternel masculin est un homme qui aime et qui voyage, un homme éperdu d'amour mais aguerri à la séparation. On l'y a forgé depuis sa tendre enfance, juste avant sa puberté. On l'a arraché à la maison des femmes pour le précipiter dans la maison des hommes. On l'a forcé à quitter la matrice maternelle et, lorsqu'il y revient pour aimer passionnément la dame de ses pensées, il sait qu'il lui faudra très vite se détacher, mais que la force du lien qui les unit habitera son cœur pour l'éternité. Ce masculin éternel se confronte depuis toujours à sa face sombre, à ce double qui guerroie, torture, viole, asservit les femmes et les échange comme des pièces d'or.

Si le courage, la responsabilité, l'élan, la grandeur, l'affirmation de soi, l'endurance ou la ténacité sont devenus des aspirations universelles qui rassemblent les deux sexes, si les feux de l'amour consument égalitairement filles et garçons, il est une valeur traditionnellement masculine dont les hommes se trouvent de plus en plus dépossédés, et que les femmes répugnent à s'accaparer : le don de se séparer et de séparer. Oh pas celui de rompre, exercice auquel les deux sexes se sont largement entraînés. Je te quitte, j'en aime un ou une autre, tu n'as jamais compté pour moi, je repars à zéro. Ce vocabulaire nous est aujourd'hui grandement familier. La rupture est le contraire de la séparation. La séparation naît de la reconnaissance du lien et non de son déni, de la

1. Jaqueline Kelen, *op. cit.*

volonté de le transformer, de le nourrir et de le faire vivre, non de l'anéantir.

Cette faculté à se séparer et à séparer n'était en rien un don « naturel » des hommes, lié par exemple au fait qu'ils n'enfantent pas. C'était un travail, un apprentissage permanent, précieusement entretenu par les règles de la société, des règles qui stipulaient qu'il n'était pas question pour les individus d'agir selon leur bon vouloir, mais qu'elle était là pour réguler leur conduite. Et les pères apprenaient à arracher les fils de leur mère, et les maris avaient pour tâche se séparer les filles de leur père. Dans cet univers bien ordonné, largement naturalisé par la psychanalyse comme s'il allait de soi, aux femmes et aux mères le monopole de la fusion, celui d'élever leur enfant dans leurs jupes ; aux hommes et aux pères l'apanage de la séparation, celui d'éviter trop d'intrication pulsionnelle.

Ainsi, la première visée du mythe œdipien ramené à la sphère familiale, au-delà de l'image d'Épinal de l'enfant voulant se débarrasser de papa parce qu'il est amoureux de maman, avait été d'introduire la nécessité de cette séparation : le père s'immisçait dans la relation mère-enfant pour introduire le registre asymétrique du tiers. Il s'agissait avant tout de se décoller de l'univers des choses représenté par le corps à corps avec la mère pour pénétrer dans celui du langage incarné par la relation au père. Mais ce conflit œdipien a une importance plus structurale que sexuelle : le sujet élit un premier interlocuteur, un premier « autre », dans ce que l'on appelle par pure convention place de la mère (et ce personnage était en général la maman ou son substitut). Lorsque ce schéma s'élargit à une troisième place qui introduit toute la logique symbolique de la construction, cette place est la place du « Père » quelle que soit la personne qui l'occupe.

Je soutiendrais volontiers qu'au jour d'aujourd'hui, les papas et les mamans sont à égalité dans ce va-et-vient incessant entre fusion (souffrir dans l'autre) et séparation (souffrir avec l'autre). Mais que de ces deux places, celle du Père devient la patate chaude que chacun tente de se refiler.

Entre la présence constante de l'amoureux éperdu et le tranchant de la séparation opérée par un habile guerrier, les hommes se retrouvent malmenés par des demandes contradictoires. Rêvent-ils d'amour ou de combats ? Comme Lancelot, ils continuent à rêver à l'amour, mais ils ont à leur corps défendant perdu le don de se séparer pour mieux revenir, et ils ne savent que rompre dans une insatisfaction grandissante.

L'impossible séparation

Ils viennent ensemble me consulter. Ils sont au bord de la rupture. Ils sont terriblement sympathiques et touchants.

Il a 45 ans. C'est un homme d'affaires d'origine méditerranéenne, géant viril et responsable. Il pilote des planeurs, saute à l'élastique et combat pour rire des requins dans les eaux du Pacifique. Elle a 32 ans. Elle est coréenne, gracieuse miniature orientale adoptée à l'âge de 6 ans par une riche femme célibataire, déjà mère d'un garçon de 20 ans, parti étudier à l'étranger.

Ils se connaissent depuis trois ans, ont un nourrisson de 10 mois, et leur vie est un enfer permanent, une scène de ménage perpétuelle dans laquelle ils se consument avec ténacité. Les insultes pleuvent comme des hallebardes de la ravissante bouche de Lia : « Tu es une loque, un moins que rien, un pédé, un impuissant, un toutou à sa maman… »

Antoine lève les bras au ciel, fait le dos rond, la supplie de se taire, ou alors, excédé, finit par la gifler. Elle appelle alors son avocat, lui intimant l'ordre de préparer immédiatement les papiers du divorce. À moins que les hurlements du bébé ne la calment temporairement en la confortant dans l'idée que ce monstre va traumatiser définitivement son enfant.

Il a perdu son père, diplomate brillant et respecté, lorsqu'il avait 14 ans. Aîné de quatre enfants, adulé par sa mère, il est très vite propulsé au rang de compagnon, de confident privilégié et de chef de famille. Il soutient l'un, réprimande l'autre, se fait chevalier servant, sacrifie son adolescence sur l'autel familial. Il gagne vite et bien sa vie, organise les études, les mariages, installe sa mère dans un confortable appartement où il la visite chaque jour, et s'autorise une vie mouvementée de séducteur infatigable.

Elle a connu une petite enfance tragique, un abandon paternel puis maternel, les familles d'accueil et les orphelinats. Son adoption par sa nouvelle mère, artiste de renom, est une lune de miel qui vire rapidement au cauchemar : elle se sent prise au piège, joujou de cette femme qui cherche à lui imposer une nouvelle identité. Elle enrage, tempête, fugue, vole, s'automutile, transforme leur relation en un interminable procès d'intention. Sa mère est un monstre, une sorcière. Seul son frère aîné, quand il est présent, arrive à restaurer pour quelque temps cette relation en lambeaux.

Elle devient styliste, se lance dans une psychanalyse. Parisienne branchée, elle excelle dans son métier, multiplie les conquêtes, mais rien n'apaise la terrible relation passionnelle avec sa mère, miroir déformant avec lequel elle joue un cache-cache permanent.

La rencontre de Lia et Antoine est une déflagration. Elle est la femme de ses rêves, il est fou d'elle, elle le ravit. Elle est émerveillée par sa carrure, son assurance, une incontestable masculinité qui détone avec les hommes du milieu qu'elle fréquente. Il sera son prince charmant, son sauveur, son chevalier blanc.

Deux mois d'amour absolu et de voyages plus tard, une première dispute orageuse aurait pu les renseigner : elle n'est pas une gentille Asiatique soumise ; il peut recréer le maelström émotionnel qui est familier à sa jeune conquête. Les coups de fil quotidiens d'Antoine à sa mère agacent Lia prodigieusement. Du reste, elle déteste cette femme qui le lui rend bien. Il ne supporte pas le conflit entre Lia et sa mère adoptive : une famille se doit de rester unie, et les enfants de respecter leurs parents.

Toutes ces raisons les conduisent inévitablement au mariage, et même s'ils se disputent jusque devant l'autel, quelques mois plus tard, à l'aventure de la parenté. Dès l'annonce de la grossesse, ils interrompent toute vie sexuelle, et l'enfer relationnel se déploie dans une liturgie quotidienne.

Je n'analyserai pas ici les tenants et aboutissants de ce contrat paradoxal qui permet à chacun de déposer dans la relation conjugale les conflits internes qui l'animent pour tenter désespérément d'y régler la question du maternel, trop frustrant pour l'une, trop envahissant pour l'autre. J'ai développé ailleurs[1] com-

1. Serge Hefez, avec Danièle Laufer, *La Danse du couple,* Paris, Hachette Littératures, 2004.

ment tout couple se fonde sur une très forte attraction mutuelle autour d'une problématique commune ou complémentaire, et comment des rôles différents s'organisent autour de cette problématique : un des deux partenaires va se sentir victime du problème, tandis que l'autre va adopter une attitude beaucoup plus active de thérapeute de son conjoint.

Je tenterai simplement d'illustrer mon propos à partir d'une dispute particulièrement signifiante pour Lia, dispute qui marque pour elle un point de non-retour.

Elle va accoucher. Il est fou de joie, empressé auprès d'elle. Depuis plusieurs semaines, elle n'a donné aucune nouvelle à sa mère, décidée dit-elle à mettre tranquillement son enfant au monde. Le nouveau-né est un garçon. Antoine est au comble de la félicité. Il appelle la mère de Lia qui se précipite quelques minutes plus tard au chevet de sa fille. Lia pleure de joie, se jette dans les bras de sa mère, puis une heure plus tard la renvoie en hurlant : elle est décidément incapable de la comprendre. Jamais, au grand jamais, elle ne pardonnera à Antoine cette trahison, avoir fait venir cette femme sans le lui avoir demandé, l'avoir contraint à ce corps à corps au moment le plus important de son existence.

Et voilà comment, en lui remettant sa mère sur les bras, Antoine chuta définitivement dans l'estime de sa bien-aimée…

Cette situation clinique est certes particulière quant à la force des sentiments ambivalents qui lient les deux protagonistes à leurs mères, à l'intensité des angoisses d'abandon, à la tragique absence des pères. Il n'en demeure pas moins que les insultes pour le moins discordantes formulées par Lia (du type « toutou, impuissant, pédé ») métaphorisent au plus près un reproche qui pourrait se formuler ainsi : « Tu n'es pas un homme, car tu n'es pas foutu de me séparer de ma mère. »

Or ce reproche : « Tu n'es pas capable de me séparer de ma mère, (ou de mon père, ou de ma famille) », revient comme une rengaine dans les propos de la plupart des couples qui me consultent aujourd'hui. Reproche qui trouve son pendant naturel dans la dynamique de la famille qu'ils ont fondée : « Tu n'es pas capable de pacifier ma relation avec nos enfants qui me prennent la tête » ; « Tu es un père/une mère trop fusionnel » et toutes les variantes de l'antienne : « Détache-toi, détache-moi ».

Reproche souvent explicite chez les femmes, à l'instar de cette actrice haute en couleur qui criait dans mon cabinet devant son mari médusé : « Du père, du père, du père, je veux un homme qui ait des couilles », en exécutant du tranchant de la main un geste vertical censé figurer la césure de la séparation. (Ce geste me rappelait du reste étrangement celui d'un collègue, quelques jours auparavant, lors d'une rencontre sur le Père, et qui expliquait ainsi la nature de la fonction symbolique, tranchante, et du haut vers le bas...)

Mais le retour de compliment du berger à la bergère, s'il est en général moins verbalisé, n'en est pas moins présent : « Et toi, qu'as-tu fait pour me séparer de ma famille d'origine, pour régler ce conflit paternel, cet envahissement maternel... ? »

À quoi rêvent les hommes ? Ils rêvent d'amour éternel, mais ils oublient, tout comme leurs compagnes, de rêver à un couple qui leur permette de se séparer de leur père, de leur mère, de leur famille pour créer, pour inventer leur vie, se différencier et ne pas s'enliser indéfiniment dans des conflits infantiles qui bloquent leur maturation.

Nous sommes passés sous le régime de l'autorité conjointe. L'autorité figure au mieux le processus de séparation. Les hommes, et c'est tant mieux, n'ont plus le monopole de la fonction symbolique. Cette fonction est censée s'exercer dans et par le couple. Elle ne concerne pas que l'éducation des enfants, mais ce travail qui depuis la nuit des temps fut l'apanage des hommes, de permettre le détachement d'une famille pour en fonder une autre, d'autoriser la séparation d'avec les enfants pour qu'ils trouvent leur autonomie.

Si les couples exercent sans difficulté leur fonction de « couple-mère » nourri d'intimité et d'échanges affectifs, ils rechignent davantage au rôle de « couple-père » susceptible de séparer, mettre des frontières, transmettre, transformer, symboliser.

Attache-moi, détache-moi, rude tâche pour les couples, qui se brisent de plus en plus tôt à cette difficulté, d'autant que les femmes, sans doute par atavisme phylogénétique ou identificatoire, ont vite fait de reprocher à leur conjoint ce que consciemment elles veulent pouvoir s'autoriser d'elles-mêmes.

Face à ces avalanches de reproches, les hommes, qui investissent massivement la sphère domestique, macèrent dans leur sentiment d'incompétence, se tirent ou regardent ailleurs...

On en appellera alors avec nostalgie au retour de bâton de l'autorité paternelle et au naturalisme des sexes ; ou l'on considérera qu'il s'agit d'une période de transition et que la démocratie familiale n'est pas qu'une utopie. Encore faut-il que les couples tiennent suffisamment longtemps pour permettre ce travail de transformation.

Les hommes à l'épreuve du narcissisme

J'ai longuement décrit dans un précédent ouvrage[1] comment les changements qui bouleversent le couple et la famille s'articulent autour d'une même logique : celle de l'individu, celle d'une individualisation en marche, où le sujet s'émancipe des carcans de la morale traditionnelle et des contraintes ancestrales. Le couple et la famille sont passés d'un fonctionnement holiste, dominé par les hommes, à un groupement d'individus libres et égaux soumis à leur propre désir. Certes, ces individus ont toujours été égoïstes et les groupes ethnocentriques, et l'on ne gagne rien à affubler ces traits du masque de la psychiatrie. Mais je dirais volontiers de la famille d'aujourd'hui qu'elle baigne dans un contexte de « narcissisation » au sens où, comme le souligne Kernberg, « les changements dans la culture contemporaine affectent les modes de relation d'objet ».

Ne pas prendre en compte la dimension sociale du narcissisme nous mènerait à ignorer ce qui abonde dans la vie quotidienne : terreur de la dépendance à autrui associée à une angoisse du vide et de la solitude, immense rage réprimée et désirs oraux impétueux et insatisfaits. Et qui s'associe à des traits caractéristiques de la société contemporaine comme la peur intense de vieillir, la perception différente du temps, la

1. Serge Hefez, *Quand la famille s'emmêle,* Paris, Hachette Littératures, 2004.

fascination de la célébrité, la peur et l'exaltation de la compétition. S'il est un processus qui gomme les différences entre les hommes et les femmes, c'est bien celui-ci.

Le narcissisme, nous le savons bien, est plus qu'un terme métaphorique pour désigner une obsession de soi ; c'est une forme de régression psychique dans laquelle l'amour rejeté se retourne contre le moi sous forme de haine. Le narcissisme primaire permet certes d'investir sa propre personne comme objet d'amour, et d'établir les bases solides d'une bonne estime de soi précédant la capacité à se tourner vers des objets extérieurs. Mais le narcissisme secondaire, le repli narcissique comme solution défensive, est un refuge précaire face à un objet peu fiable ou décevant. Il rend le sujet plus vulnérable ; le désinvestissement de l'objet expose en effet le moi à des angoisses très menaçantes. Le narcissisme est alors plus proche de la haine que de l'admiration de soi

Le narcissisme, plus ou moins partagé par les membres d'un couple ou d'une famille, établit un lien constant, un pont entre les différents espaces sans véritable frontière entre l'individu et le groupe vécu comme un tout[1]. La mise en commun, fortement génératrice de plaisir peut aussi exprimer de la souffrance partagée. Mais elle présente un indéniable avantage : c'est la mise à distance des angoisses catastrophiques de séparation. Tout ce qui représente la séparation doit être banni, dénié, à commencer par le désaccord. Et la scène de ménage, on le sait bien, pro-

1. Gérard Decherf, *Le Fonctionnement familial pervers*, *GRUPPO*, n° 8, Apsygée, 1992.

tège du désaccord et de l'altérité davantage qu'elle ne les révèle.

« On aime dans la séparation, pas dans la fusion », se plaisait à répéter Françoise Dolto. S'il est un processus qui abrase les différences entre les hommes et les femmes, ce n'est pas que les hommes pouponnent ou qu'ils s'épilent. C'est que le cadre institutionnel qui leur donnait une consistance a changé. Et qu'en se « narcissisant », les hommes comme les femmes se plaisent à rêver d'amour fusion qu'aucune architecture symbolique ou réglementaire ne viendrait aérer.

Ce qui nous revient comme un leitmotiv dans les thérapies conjugales est cette exigence de liberté qui se heurte en permanence à cet idéal fusionnel, cette injonction à être soi, ce rêve mythique d'un individu souverain, seul maître de son destin. Toute dépendance concourt à repérer en soi les traces archaïques d'une ancienne dépendance infantile qu'il convient de terrasser.

La dimension narcissique du pacte conjugal prend les devants : être aimé pour soi-même, pour la totalité de soi, dans un véritable processus de confirmation identitaire. Le sujet s'engage entièrement dans la relation amoureuse en mettant en jeu tout ce qui le constitue comme sujet : le sentiment de ses propres limites, de la possession de soi-même et de ses désirs, avec le risque d'une perte de soi ou tout au moins d'une certaine image de soi[1]. La vie amoureuse est précisément ce qui met en cause les frontières du moi, frontières entre sujet et objet interne, entre « je » et

1. Jean-G. Lemaire, *Comment faire avec la passion*, Paris, Payot, 2005.

« nous », entre monde intérieur et réalité extérieure. La réassurance est au rendez-vous mais le danger d'anéantissement n'est pas loin !

Jusqu'à quel point l'amour se doit-il d'être l'unique fondement des liens de parenté et d'alliance ?

Hommes et femmes sont uniformisés par cette croyance que le lien et l'amour sont une seule et même chose ; ou plutôt que le fondement du lien est le sentiment amoureux. « J'ai peur que mon enfant ne m'aime pas », me confiait l'autre jour à ma consultation cette jeune maman berçant contre elle un bébé de 8 mois. Le mot amour est employé avec une exaltation grandissante. Tous les rapports entre les personnes résident dans les fluctuations de ce sentiment, toute notre liberté tient au fait de pouvoir congédier celui que l'on n'aime plus. Dans la famille, on oublie de plus en plus que si l'on s'aime, c'est de surcroît, que les liens continuent d'exister malgré l'indifférence ou la haine, et aussi de par leur existence même, que le fondement des liens de parenté n'est pas l'amour. Quant au couple, cette idée lui est devenue simplement étrangère. C'est le tribut que nous payons au culte de l'autonomie et de l'individualisation des individus.

On casse les relations par l'illusion que les liens sont uniquement fondés sur l'amour. Le désamour rend les liens illisibles, mais ne les supprime pas[1].

« Se séparer pour ne pas se séparer » : telle pourrait être la tâche des hommes comme des femmes dans les couples d'aujourd'hui.

---

1. Miguel Benasayag, *Abécédaire de l'engagement*, Paris, Bayard, 2004.

« JE VEUX UN ENFANT, DONC JE SUIS UN HOMME », DISENT-ILS...

par Sylviane GIAMPINO

Bonne nouvelle. Les hommes sont nombreux à dire que désirer un enfant ne met pas en péril leur identité masculine, et au contraire peut la conforter.

Mais est-ce vraiment une bonne nouvelle ?

Sous les assauts répétés du féminisme, de la parité, de l'évolution des femmes vers l'égalité professionnelle, de l'évolution des rôles parentaux, on entend monter la plainte des hommes et la revendication des pères. Je tenterai ici une écoute de cette plainte des hommes quant aux femmes, en lien avec leur revendication actuelle de paternité. Rapport qui peut ainsi se formuler : « Les femmes veulent tout, elles ont pris le pouvoir dans la société. La pensée dominante est féminine, refusons la castration, engendrons. » Ou encore : « Puisqu'on nous reproche de ne pas assez exprimer notre sensibilité, et que les femmes nous font peur, alors c'est sur l'enfant que nous retrouvons la confiance en notre virilité. » Le mot est lâché. Il semble en effet que, pour les hommes, le fait de devenir père soit une tentative d'élaboration de la problématique de castration, avec l'illusion d'y retrouver une virilité hypothétiquement menacée par l'émancipation des femmes.

Le processus serait le suivant : la femme est dominante, mon identité d'homme perd de sa plus-value « phallique ». Naître garçon ne suffit plus à garantir qu'une fois dépassée la terreur œdipienne de la castration, je suis assuré d'une puissance associée à la virilité. Alors, il faut aller plus loin. Devenant père, je me confirme comme homme, et prenant l'initiative du désir d'enfant, je légitime au préalable ma place.

Le désir d'avoir un enfant pour répondre à un malaise ?

Les médias, comme les études sociologiques ou anthropologiques, nous décrivent des hommes aigris pour lesquels la femme serait devenue la rivale : « Sans limite de pouvoir, elles veulent tout, dans la famille comme dans le travail. » Les hommes seraient déstabilisés : « En épousant une Slave j'épouse quelqu'un qui sait la valeur des choses, le prix d'avoir un mari. » Ils seraient instrumentalisés : « Les hommes sont devenus un produit de consommation jetable. » Sexuellement abandonnés : « Je n'ai pas besoin d'être bien dans ma tête, moi, pour faire l'amour. »

La représentation de la crise du masculin en ces termes consiste à prendre le symptôme pour la cause.

À partir d'un autre angle, André Rauch dans *Le Premier Sexe* questionne « la crise de la domination masculine » à partir de la Révolution française et de la Déclaration des droits de l'homme. Il pose un regard historique et anthropologique en termes savoureux : « [...] démantèlement d'un ordre ancien, au moment où surgit cette détresse d'identité que rencontrent alors les individus mâles confrontés au renversement de leur statut à l'époque où, pour la première fois dans l'histoire peut-être, s'annonce l'avènement d'une société mixte. Il examine l'effondrement d'une base de vie sociale, le pouvoir masculin, historiquement constitutif de l'identité des hommes et des femmes. Ce pouvoir avait façonné notre société, lui avait donné de son énergie vitale ; il a permis de résister aux mises en cause les plus graves. [...] La Déclaration des droits de l'homme établit entre les sexes une symétrie dans les actions juridiques. La domination masculine en sort altérée de manière irréversible. Assiste-t-on depuis deux siècles à la fin d'un héritage sacré de l'histoire, et les hommes ont-ils renoncé aux privilèges qui les solidarisaient autour de leur différence sexuelle ? » On peut aussi lire : « Rien de plus naturel pour préserver une différence sociale que de la fonder sur le corps. »

Il semble, en fait, que nous soyons aujourd'hui au-delà et que ce n'est pas seulement l'autorité masculine qui soit battue en brêche, mais toutes les formes d'autorité qui prenaient assise sur un statut, qu'il soit de droit ou de nature. Au-delà de la famille, c'est également le cas dans les entreprises, ou en politique, par exemple. L'autorité hiérarchique, l'ancienneté, le rang sont supplantés par le mérite, la négociation, le contrat temporaire ou l'influence.

Si le rapport hommes-femmes est endolori, c'est que les facteurs qui constituent l'identité, quelle qu'elle soit, sont socialement malmenés. Et ce n'est pas parce que les rapports hommes-femmes se délitent et sont amenés à se modifier, que la société se déstructure et se restructure, mais l'inverse.

Les hommes ne sont pas les seuls révélateurs du mal-être moderne

Analysons l'idéologie dominante d'aujourd'hui, qui est celle de l'autonomie, de l'indépendance. Elle se combine très mal avec l'arrivée d'enfants dans un couple, qui détermine de fait des rapports de dépendance. La fragilité humaine n'aurait plus droit de cité ni au travail, ni à l'école, ni entre amis, ni même dans la vie à deux. Il est devenu obscène d'« avouer » qu'on s'est trompé, qu'on ne réussit pas, qu'on a peur. L'injonction de réussite, maillée à l'idéologie de maîtrise, est aujourd'hui présente jusque dans l'intimité des couples. Est-ce parce que, là comme ailleurs, l'avenir est incertain que ni l'homme ni la femme ne se laissent aller à l'expression de leur fragilité, leur vulnérabilité, à se fier l'un à l'autre ? S'abandonner à l'autre devenant risqué et « obscène », la vie amoureuse s'en ressent.

La complainte d'un ordre social passé et idéalisé et de la perte des repères touche autant l'identité masculine que l'identité féminine. Tout comme elle touche le rapport au travail ou l'éducation des enfants. La nostalgie tiendrait-elle lieu de projet d'avenir ? Le phénomène du repli sur la cellule familiale et du développement de soi indique la portée de la déprime des relations avec le social, le travail, la création et le politique. Les hommes, qui avaient jusque dans les années 1990 misé sur l'investissement professionnel pour sécuriser leur avenir et celui de leur famille, ont fait depuis l'expérience que, quels que soient leur mérite et leur compétence, ils peuvent à tout moment se retrouver sur un siège éjectable. L'espace de maîtrise des clefs de l'avenir professionnel s'amenuise face à la globalisation des systèmes de production et suscite un sentiment d'impuissance. L'un des passages ancestraux des sublimations du masculin dans le travail est comme barré, avec les effets dépresseurs que l'on connaît. S'engagent aujourd'hui des mécanismes de déplacements successifs des investissements. Déplacement du travail vers la relation amoureuse, et de la relation amoureuse, vécue comme incertaine, vers les enfants. Ainsi : une identité masculine qui subit une translation de la production vers la reproduction. Du projet pour soi au projet pour l'autre.

Le malentendu des discours sur le malaise des hommes porte sur le fait qu'ils occultent l'idée – la réalité – que le malaise des identifications n'est pas sexué.

Depuis que l'on parle aux bébés, les hommes comme les femmes sont de plus en sensibles et intelligents, donc de plus en plus complexes et multidimentionnels. Ils ressentent donc avec plus d'acuité les incohérences et les mutations. Elles leur font davantage violence, et cette violence est mal identifiée. Violence du grand écart croissant entre, d'un côté, la montée des valeurs individualistes d'exigence de bonheur et, de l'autre, la dérégulation des étayages collectifs de la sécurisation affective.

Hommes et femmes égaux dans la blessure

Pour les hommes, c'est au moment d'une séparation, que la blessure se fait sentir. Vu l'occurrence statistique de ce phénomène, beaucoup de couples sont, directement ou *via* leurs proches, touchés.

La blessure masculine est alors double : non seulement ce sont le plus souvent les femmes qui sont à l'initiative des séparations, mais, de surcroît, les enfants leur sont davantage confiés.

La frustration en tant qu'homme s'accompagne d'une privation en tant que père.

Depuis les années 1980, les associations de pères ont réagi à ce qui est parfois vécu comme un rapt des enfants par les femmes, légitimé par la justice. C'est le creuset de base de certains discours agressifs et revendicatifs paternels. Mais, plus profondément, s'exprime aujourd'hui cette vraie épreuve du manque entre père et enfants. Sentiment d'une « injustesse » du mode de vie après une séparation, sentiment que le développement récent de la résidence alternée ne pacifie que partiellement.

Or, en face, les femmes expriment aussi une double blessure. Ici ressentie, non pas lors de la séparation, mais, comme en miroir, dans la vie commune. Celle du quotidien mal articulé entre l'engagement professionnel et l'engagement familial. Tension durcie par les problèmes de l'emploi et le déséquilibre des charges d'une vie avec des enfants entre les conjoints.

Car, depuis que les hommes posent leur désir de paternité, les femmes ont l'impression d'une promesse non tenue. Du partage du désir d'enfant elles attendaient un partage de ses réalités.

S'observe ainsi sur la scène des rapports hommes-femmes, un face-à-face sociétal des rancœurs : injustice dans la séparation, *versus* injustice dans la vie à deux.

Le désir de paternité et le deuxième sexe

Le mouvement d'émancipation des femmes doit beaucoup à l'idée que l'avènement de la féminité n'en passe pas forcément par la maternité, bien plus que celle-ci est la caisse de résonance de l'aliénation subie. Le choix de désirer ou pas un enfant est devenu le symbole de la libération des femmes. Le choix de désirer un enfant et de le déclarer serait-il aujourd'hui, paradoxalement, un signe de la liberté masculine face aux femmes ? Ainsi, les hommes, pour construire aujourd'hui leur identité masculine emploieraient-ils le même moyen que celui abandonné par les femmes ? Notre époque n'est-elle pas passionnante ?

Simone de Beauvoir écrivait : « Comme l'amoureuse, la mère s'enchante de se sentir nécessaire ; elle est justifiée par les exigences auxquelles elle répond ; mais ce qui fait la difficulté et la grandeur de l'amour maternel, c'est qu'il n'implique pas de réciprocité ; la femme n'a pas en face d'elle un homme, un héros, un demi-dieu, mais une petite conscience balbutiante, noyée dans un corps fragile et contingent ; l'enfant ne détient aucune valeur, il ne peut en conférer aucune ; elle n'attend aucune récompense en échange de ses dons, c'est à sa propre liberté de les justifier. Cette générosité mérite les louanges que les hommes inlassablement lui décernent. » Les hommes d'aujourd'hui sont donc prêts à s'investir dans la gratuité, et l'imagerie de l'enfant symbole du don de soi. Ici est la bonne nouvelle. La femme n'y sera plus seule à s'apercevoir que la relation à l'enfant est plus ambivalente qu'il n'y paraît.

Ce qui est paradoxal et intéressant dans le désir de paternité, c'est sa mise en relation avec le schéma freudien de la différenciation sexuée qui se construit dans les phases d'élaboration de l'Œdipe.

Les hommes à la recherche de l'assomption de leur virilité *via* les enfants suivent exactement le parcours de l'avènement de l'identité féminine. Résumons : face au constat déprimant de la fillette qu'aucun pénis ne poussera, elle en veut à sa mère de présentifier l'irrémédiable absence de pénis, mais finit par se consoler à la perspective de se voir pousser un bébé dans le ventre. Fantasmatisation par laquelle la petite questionneuse fait d'une pierre deux coups : elle aura du pouvoir du père (un bout du bout du père) et le pouvoir d'évincer la mère qu'elle pourrait ainsi remplacer. Se faisant, imaginairement, femme complète porteuse à la fois du masculin paternel incorporé et du féminin maternel de l'enfantement. Rappelons-nous que l'avènement du féminin *via* le bébé a nourri deux mille ans de sacralisation de la maternité judéo-chrétienne. Mais qu'elle a aussi nourri cent ans de machisme psychologique par l'insistance sur l'image de la mère phallique : femme satanique, puissance noire, mère archaïque, dévorante. La femme toute-puissante, nantie de l'enfant pénis, revers de médaille de la frustrée, plaintive, insatisfaite, hantée par son manque et son envie de pénis.

Les années 1975 avaient vu l'avènement du nouveau père maternisé portant bébé en gloire, mais, le chômage guettant, les années 1990 et leur récession économique ont vite renvoyé les hommes à leur travail, et les lois sur le congé parental aidant, les femmes à la maison.

Heureusement les évolutions sociétales ne s'en sont pas arrêtées pour autant, et c'est l'institution familiale qui a fait preuve de créativité. Problèmes économiques ou pas, la famille reste un référentiel vivant, elle compose avec les mutations et se recompose.

L'écart irréductible entre discours, désir et réalité

Nous ne pourrions que nous féliciter de ces « retrouvailles fantasmatiques » autour du berceau entre hommes et femmes sujets désirants. Mais les chiffres sont là, insistants à décrire que partage du désir ne signifie pas partage équilibré des charges familiales. Alors, qu'est-ce qui résiste ?

Il semble que les « bons pères », dans le discours, développent, dans la réalité, des mécanismes de défense inconscients face à l'épreuve de « l'obligation quotidienne du faire » : résistance passive, inertie, voire incompétence domestique...

Il est important de relever que, contrairement à ce qui est dit, ce n'est pas à l'exigence, à la domination féminine qu'ils se confrontent, et à laquelle ils résistent. Mais c'est à ce que celle-ci vient incarner du principe de réalité. Cette confrontation au principe de réalité les oblige à faire un deuil de l'infantile vision de la famille comme espace de protection et de régression. Le fameux repos du guerrier. Ce renoncement est d'autant plus difficile que c'est justement un besoin de refuge qui a ramené les hommes dans l'investissement familial.

Ce qui est reproché aux hommes, c'est de ne pas tenir la promesse contenue dans leur discours. Or, derrière cette façade comportementalo-idéologique, se terre une manifestation de l'angoisse de castration. Il y a une peur d'y perdre son identité masculine d'autant plus profonde que maison et enfants restent encore dans les représentations livrées socialement associées au royaume féminin. (Il suffit pour ceux qui en doutent de se référer, par exemple, à l'enquête européenne « Que voient les enfants dans les livres d'images »). Ici c'est la représentation du féminin-maternel qui menace les hommes, pas leur femme, de la réalité.

Les femmes souffrent du sentiment de ne pas à se faire entendre. Or c'est justement lorsqu'elles disent que c'est à faire, et qu'il n'y a pas le choix, que ça bloque. Ce discours induit chez les hommes des effets de résistance, d'inhibition, qui, en retour produisent sur les femmes un état d'affolement qu'elles nomment avec justesse : « Ça me rend hystérique. » Ce qu'elles nomment ainsi, c'est que la résistance masculine à plier sous le joug de la nécessité énoncée par une femme les ramène à l'archaïsme d'un féminin d'impuissance. Elles sont ramenées à la posture du bébé vagissant. Jolie manœuvre d'interférences de l'inconscient.

Le différend serait formulable ainsi : une femme sait ce qu'il faut faire dans la maison et pour les enfants. Mais un homme veut l'espace de désirer faire et choisir comment. Or beaucoup de femmes sont porteuses de générations d'empilement d'expériences et de savoir-faire transmis. Une sorte de corpus intériorisé de compétences comme la visualisation et l'anticipation des suites d'ordonnancements des tâches à accomplir, un curieux « niveau de qualification » en management, multifactoriel des successions temporelles entrecroisées et d'organisation familiale. Les hommes en sont admiratifs ou glacés, mais en phase d'acquisition d'autant plus accélérée que de plus en plus de jeunes filles perdent cette compétence. Ce serait bien qu'elles en restent là, mais les magazines vont combler leurs lacunes *via* les rubriques recettes, déco, érotisme, etc.

La « parentalité »
ou le piège d'une plate-forme commune désexualisée

Chaque jour, à partir des frottements du quotidien, autour du simple « qui fait quoi ? » et du « pourquoi moi ? », les catégories du féminin-maternel et du masculin-paternel sont interrogées. Et, à l'arrivée de l'enfant, se cherchent à l'intérieur du couple de nouvelles règles du jeu des rôles, et s'active l'incontournable mise en tension des registres qui tissent la chaîne fille-femme-mère-amante-posture féminine, torsadée à une autre, fils-garçon-homme-père-amant-posture masculine. De plus, du fait de la fécondation, de la grossesse, de l'accouchement et de ses suites, puis de l'importance des soins et de la santé du bébé, le corps et le biologique prennent à cette arrivée une place inhabituelle. Se désirer, et désirer un bébé ensemble, est souvent vécu comme un temps d'assomption du couple.

De son côté, la société a bien senti l'enjeu du délitement du couple et de la structure familiale.

Mais sa réponse, depuis les années 1990 : une montée en puissance du concept et des pratiques de parentalité.

Paradoxalement, à l'arrivée de l'enfant, cette réponse escamote le féminin et le masculin, au profit de l'assexué du « parental », le couple risque de se fragiliser, et l'enfant d'en souffrir.

Car est ainsi écartée l'articulation entre différence des sexes et différence des rôles paternel et maternel. Parler du « devenir parent » est d'évidence plus aisé que de s'aventurer du côté du « devenir mère » et de ce qu'il en est de la différence avec le « devenir père ». Et ce, notamment, pour qui cherche à se tenir à l'écart des stéréotypes de genres dans la description des rôles parentaux.

Car comment parler la différence homme-femme dans les temps du devenir père et mère, sans verser dans les idéologismes, pour définir le partage des responsabilités parentales et le différentiel nécessaire, pour que l'enfant lui-même, puisse se définir comme fille, comme garçon ?

Serions-nous toujours à la recherche du rapport amoureux ?

Les résistances des hommes à changer rencontrent souvent la complicité des femmes à maintenir le *statu quo* des reproches et des frustrations dans la vie à deux.

Les écarts, les blessures évoqués plus haut ne seraient-ils pas utilisés, par des hommes et des femmes, comme des figures de repère sur la différenciation sexuée ? Les couples dans leurs désaccords ne chercheraient-ils pas, avec maladresse, mais à juste titre, à maintenir une altérité différenciante ? Autrement dit, les conditions d'un désir sexuel mutuel. Car il est habituel de penser que le désir se nourrit de l'altérité. C'est-à-dire de la capacité à concevoir l'autre à distance de soi et différent.

Dans ce savoureux mélange de familiarité et d'étrangeté peut se décliner la gamme du désir de rapprochement. Un autre trop pareil, c'est le risque de se complaire dans l'épaisseur de la tranquillité, ce qui ne suscite pas nécessairement l'attirance sexuelle. Des hommes et des femmes cherchent à maintenir l'écart d'une différenciation rattachée au genre, là où, dans les amours homosexuelles, l'altérité s'est greffée sur d'autres registres.

Il n'en reste pas moins que si les hommes se disent démunis, les femmes le sont tout autant, qui cherchent de nouveaux repères de différenciation hors les stéréotypes du féminin et du masculin, ou la panoplie des rôles traditionnels entre les pères et les mères.

Il semble que les hommes et les femmes se heurtent à un l'obstacle majeur lié au fait que les hommes et les femmes n'ont pas eu tout à fait la même mère. Une mère s'occupe différemment des enfants selon qu'ils sont fille ou garçon, nous le savons. Mais, au-delà, une femme a, dans son développement d'enfant, vécu une expérience dont les garçons sont exonérés, et ce n'est pas sans effet sur les peurs et les fragilités de chacun. Au cours du parcours œdipien, la femme a dû se délier de sa mère, pour investir le père de toutes les qualités. La femme sait donc depuis longtemps que la mère de nourrissage toute-puissante dans le fantasme du bébé n'est qu'un leurre, et que la puissance du féminin n'est que relative. Alors que les hommes ont à construire, plus tard, et tout seuls, leur conscience de la relativité de la puissance féminine et maternelle. La grande difficulté, pour les femmes, est donc de veiller à ne pas se mettre, en tant que compagne, que mère des enfants, sur les traces glissantes de la mémoire inconsciente de la mère d'un homme. Et réciproquement. Mais c'est une autre histoire...

Bibliographie

Les mères qui travaillent sont-elles coupables ? Albin Michel, 2000.

– Sous la direction de, *À l'écoute des bébés et de ceux qui les entourent*, Eres, novembre 2006.

– Coordination de, *Jeunes couples, jeunes parents, Informations sociales*, n° 132-juin 2006.

C'EST UNE VAGUE QUI REVIENT DE LOIN

par Jacqueline Remy

La paternité, en panne de modèle, est maintenant en cours de reconstruction, de recomposition. Pas si facile de déterminer quel est le rôle du père, à l'heure où les femmes ont pris sur la maternité une maîtrise qu'hier seul leur corps leur accordait, et sur leurs enfants un pouvoir autrefois juste délégué par leur mari, dans certaines circonstances et en échange d'une soumission juridique presque totale.

Depuis que, déchu de sa puissance paternelle en 1970, l'homme a cédé le pouvoir dans la famille et partage l'autorité parentale à égalité avec la mère, il peut avoir le sentiment d'avoir tout perdu juridiquement et symboliquement. Certes, il y a gagné le plaisir de pouvoir abolir la distance qui le maintenait traditionnellement écarté de ses enfants et de pouvoir les « materner » lui aussi, en tout cas s'en occuper sans s'interdire câlins et biberons, ni tout autre emploi hier réservé aux femmes. Pourtant, il y a comme un malaise.

Car les pères, aujourd'hui, sont piégés dans des discours contradictoires. Alors qu'il est convenu désormais d'affirmer que les hommes et les femmes sont finalement très interchangeables, ils s'entendent par ailleurs asséner par les pontes de la pédiatrie ou de la psychiatrie que les rôles paternel et maternel doivent être soigneusement distingués. Alors qu'on les somme d'assumer leur responsabilité de père – en les poursuivant, tests ADN à l'appui, s'ils se dérobent, même s'ils n'ont jamais souhaité avoir un enfant –, les femmes peuvent en toute impunité les instrumentaliser et les priver de leur paternité, en avortant, en accouchant sous X, ou tout simplement en s'abstenant de les informer de leur grossesse. Bref, un homme peut être privé de paternité, mais il ne peut pas échapper à une paternité si on la lui impose, tandis qu'une femme peut se soustraire à sa maternité, ou en priver son conjoint.

On peut dire, comme les féministes, que cette inégalité-là n'est pas si grave. Après tout, cette question reste assez théorique : il n'y a pas tant de victimes à déplorer chez les pères, qui ont encore tendance à prendre la poudre d'escampette en cas de conflit conjugal ou de bébé non désiré. Et il semble normal qu'une femme, quand elle renonce à porter un enfant, puisse décider seule de son destin. Mais on sent bien que ce débat monte et il est si passionnant qu'il mérite mieux que des réponses simplistes. Comme souvent, dans l'histoire récente de la famille, les revendications posées par les homosexuels contribuent à rendre ces questions plus aiguës. On ne peut pas prétendre que l'avis du père est secondaire tout en affirmant qu'un enfant peut être élevé par deux hommes. On ne peut pas expliquer que la mère doit être privilégiée et plaider pour les mères porteuses. Si on s'insurge – avec raison – contre le tout biologique, on ne peut pas réfuter l'idée qu'un homme aussi peut avoir le projet et le désir d'un enfant.

C'est ce qui est arrivé à Philippe Peter qui, au printemps 2006, a vu admise sa paternité, longtemps délibérément ignorée par les pouvoirs publics. « C'est toujours la mère qui décide, que ce soit d'avorter ou d'accoucher sous X, dit-il. Et, si elle a un enfant adultérin, son mari en est automatiquement déclaré le père. » Voilà exactement ce que cet homme ne voulait pas. Il a donc reconnu l'enfant *in utero*, comme la loi le permet. Sa maîtresse a disparu et s'en est allée accoucher sous X. « Je m'en suis aperçu deux mois plus tard, j'ai prévenu les autorités. Tout le monde a fait comme si je n'existais pas. » Il a fini par porter plainte. La justice lui a donné raison. Philippe Peter réclamait juste un droit de visite. Son enfant a 6 ans. Au-delà de son cas personnel, c'est un principe qui est remis en cause.

Cette entorse au privilège du libre arbitre solitaire consenti aux mères dans le cadre de l'accouchement sous X, si elle est confirmée par la justice, ne sera peut-être pas suivie de beaucoup d'autres. Dans la réalité, la plupart des femmes qui choisissent l'accouchement sous X ne sont pas épaulées par l'homme dont elles attendent un bébé, sinon, sauf exception, elles ne choisiraient pas cette solution. Pourtant, cette décision judiciaire remet profondément en cause l'équilibre des pouvoirs au sein du couple face au désir d'enfant, et arrache au néant moderne la voix du père. Pour la première fois depuis longtemps, il est dit clairement qu'un homme peut, à lui seul, par la seule force de son désir, s'instituer père.

Or, depuis quelques décennies, dans les nouveaux couples, tout se passait comme si c'était la mère qui décidait de la paternité. Certes, dans les couples mariés, l'homme est considéré *de jure* comme le père. Mais ce n'était pas vrai chez les concubins. Sans la parole de la mère, il n'y a pas de paternité possible, bien qu'il soit permis à tout homme de reconnaître un enfant de sa propre initiative et sans demander l'avis de qui que ce soit. Encore faut-il qu'il soit informé de la naissance et du fait qu'il est le géniteur du bébé.

Pour longtemps encore, la nature fait qu'un homme qui pénètre une femme risque de voir celle-ci, chargée d'un être porteur de ses gènes, s'en aller offrir son bébé à un autre ou le garder pour soi, ou encore le supprimer quelques semaines après sa conception. Pour se prémunir de ce qu'on pourrait appeler un refus de paternité, un homme a évidemment une solution : porter un préservatif. Mais on pressent que d'autres démarches vont être tentées : on imagine mal des mouvements d'hommes exiger d'être associés aux décisions concernant l'avortement. Mais l'accouchement sous X ? En cas de désaccord, certes, on voit mal en vertu de quel principe un futur père pourrait forcer une femme à porter un enfant dont elle ne veut pas : c'est long neuf mois, et c'est intimement bouleversant. Mais, bien qu'ils aient plutôt tendance à fuir la paternité qu'à la revendiquer, on peut penser que l'exemple de Philippe Peter fera école. Surtout, on peut prédire que les pères biologiques iront de plus en plus devant les tribunaux exiger qu'on admette leur paternité bafouée, en cas d'enfant adultérin par exemple. Comment les jeunes hommes d'aujourd'hui pourraient-ils accepter de voir élever par un autre – fût-ce le mari – un bébé dont ils se savent le géniteur ? L'enfant est devenu un tel objet de désir et de conflit, un tel enjeu territorial, qu'on voit mal comment il échapperait – le culte de la transparence aidant – à l'émergence de ces doubles paternités.

Ce serait en tout cas logique si l'on a raison d'exalter la « nouvelle » paternité, comme on le fait depuis quelques décennies. Une idée à succès, les nouveaux pères, ces papas poules qu'on a encensés dans tous les médias. Si belle qu'on en a fait des films : on se souvient du triomphe international obtenu par *Trois Hommes et un couffin*, le long-métrage de Coline Serreau. De fait, dans nos vies aussi, quelque chose a bougé : on a vu les hommes déferler au cœur des maternités, dans les salles de travail. Bon gré mal gré, histoire de bien faire, ils ont coupé le cordon, baigné bébé, puis donné le biberon, arboré des sacs kangourou avant de passer experts en conducteurs de poussette-canne. Puis, tout le monde s'est jeté sur les statistiques de l'INSEE pour vérifier avidement à quel point l'éternel masculin se montrait têtu : les hommes consacrent deux fois moins de temps que les femmes aux tâches ménagères, et trois fois moins qu'elles aux soins prodigués aux enfants. Sacrés machos.

Pourtant, on voit bien que l'histoire n'est pas finie. Voici un quart de siècle, rares étaient les pères séparés ou divorcés qui se voyaient confier la garde de leurs enfants. Aujourd'hui, c'est le cas dans 2 % des cas pour les enfants de 2 ans (5 % pour les pères divorcés) et 15 % des cas pour les plus de 15 ans (22 % pour les divorcés). Et la résidence alternée n'était encore accordée, en 2003, que dans 9 % des cas de rupture conjugale. Mais par ailleurs, 15 000 plaintes ou mises en cause pour non-paiement de pension alimentaire (généralement par le père) seraient enregistrées régulièrement chaque année.

Un double discours accompagne cette évolution. Un enfant a besoin de ses deux parents, d'où l'inscription dans la loi, depuis 2002, de l'autorité parentale conjointe : chacun peut avoir la garde, à égalité. Mais, autre refrain, il a besoin pour repères de deux parents de genres bien distincts et qui, aux yeux de beaucoup d'experts, doivent jouer des rôles différents.

Cet investissement paternel n'est donc pas si simple. D'autant qu'il va s'accompagner d'un souci pointilleux de vérité. L'homme qui, jusqu'ici – en tout cas, en droit –, ne pouvait donc échapper à sa paternité va se voir rattraper par l'enfant lui-même. Alors que, depuis quelques décennies, l'institution matrimoniale a faibli au profit des familles dites « naturelles », la nature en effet reprend ses droits dans ce qu'elle a de plus primaire, de plus mécaniste, la dimension biologique. Et l'on voit aujourd'hui des enfants nés de l'insémination artificielle rechercher leurs géniteurs – éphémères donneurs de sperme – dans l'espoir de se confronter à d'illusoires retrouvailles identitaires. Un donneur de sperme, par définition, ne veut pas être père d'un bébé précis. Derrière l'idée de rendre service, peut-être berce-t-il un obscur fantasme de puissance paternelle – mais, s'il veut devenir père, c'est métaphoriquement.

Nous sommes donc passés d'un temps ou c'était l'institution qui désignait le père – dans le cadre du mariage – à une époque où la mère labellise le père (dans le cadre du concubinage ou des poursuites pour paternité). Pour arriver bientôt au moment où l'enfant, de sa seule initiative, aura le pouvoir de rappeler à un homme sa paternité, grâce à la généralisation des tests ADN, y compris dans le cadre de l'insémination artificielle, si le mouvement en faveur de l'accès aux origines triomphe.

Hier, l'enfant portait le nom du père. Ce dernier fondait la famille. Aujourd'hui, comme aime le souligner le sociologue Paul Yonnet, c'est l'enfant qui « fait famille ». Et ce renversement symbolique de l'ordre familial ouvre des questions vertigineuses auxquelles il faudra bien finir par répondre, tranquillement, sans guerres stériles, en composant entre les valeurs essentielles qui fondent notre humanité et les stratégies individuelles pour profiter de la vie en les contournant. Il faudra bien hiérarchiser les droits de chacun et redéfinir ce fameux « intérêt de l'enfant » qui sert de bouclier aux uns et d'arme aux autres. L'aventure de la famille s'est emballée. Celle des pères ne fait que commencer.

REGARDS CROISÉS SUR L'ENVIE DU PÉNIS

par Bernard GOLSE

À quoi rêvent les hommes ?

Cette question n'a bien évidemment de sens que si l'on se demande aussi, et dans le même temps, à quoi rêvent les femmes. D'où l'idée d'évoquer le concept fameux d'« envie du pénis » qui s'avère, on le sait, central dans l'analyse freudienne de la féminité.

Ce concept a, bien entendu, fait l'objet de nombreuses critiques en tant que concept forgé par un homme, et de plus dans un contexte socioculturel donné. L'envie du pénis ne renverrait-elle donc seulement qu'aux désirs des femmes tels que les rêvent les hommes ?

La chose est sans doute plus complexe !

Il importe tout d'abord de mettre cette « envie du pénis » en perspective avec l'« envie du sein » que l'on peut décrire chez le garçon, au cours de son développement, comme Jacqueline Lanouzière l'a bien montré. Et cela ouvre ainsi toute la question de la bisexualité psychique qui ne se joue pas seulement en termes d'objets totaux, mais aussi en termes d'objets partiels, et même en termes d'enveloppes psychiques.

Mais, au-delà de cette mise en perspective, le concept d'envie du pénis demeure fort heuristique, aujourd'hui encore, de par le terme même d'« envie ».

Si force est bien d'admettre – chronologie oblige ! – que Sigmund Freud ne pouvait guère être kleinien, il est pourtant intéressant d'entendre l'envie du pénis au sens kleinien du terme d'envie, soit au sens d'un mouvement qui désigne non pas tant le désir de posséder les mêmes bons objets que l'autre, que le désir de priver l'autre de ses bons objets.

La femme castratrice incarnerait ainsi la figure même de l'envie du pénis, par son désir non pas d'avoir un pénis, mais par son désir d'en déposséder l'homme et, de ce fait, avoir le phallus renverrait surtout, en dernier ressort, à la capacité de priver l'autre de son pénis, que l'on soit homme, ou que l'on soit femme.

Autrement dit encore, avoir le phallus ne renvoie pas, tant s'en faut, à la seule possession du pénis, mais d'abord et surtout, peut-être, au pouvoir potentiel d'en dessaisir l'autre.

Toutefois, qui dit « regards croisés sur l'envie du pénis » sur le fond de la question « À quoi rêvent les hommes ? » doit aussi s'interroger sur ce qu'il en est de l'envie du pénis chez l'homme.

L'homme a, certes, un pénis, mais en a-t-il fondamentalement envie ?

Le fait de l'avoir, rend la question difficile et la réponse encore plus délicate.

C'est alors la question du transsexualisme qui permet peut-être de contourner l'obstacle.

Une femme qui se transforme en homme, se positionne en effet en homme qui a désiré se doter d'un pénis en dépit de toutes les difficultés à vaincre pour l'obtenir, mais certains y verraient précisément l'envie du pénis par une femme, la femme que cet homme était initialement.

Un homme qui se transforme en femme se positionne en femme qui n'avait, quant à elle, aucune envie d'un pénis, mais certains y verraient précisément l'aversion d'un homme pour son pénis, l'aversion de l'homme que cette femme était initialement.

La problématique est donc croisée, et le désir de posséder un pénis ou de ne pas en posséder s'avère donc largement indépendant du fait anatomique d'être un homme, ou de ne l'être pas.

Les travaux de Colette Chiland apparaissent, ici, comme très précieux qui montrent, notamment, les confusions qui s'opèrent chez les transsexuels entre pénis et phallus.

Quoi qu'il en soit, depuis quelques années, avec Pierre Jouannet (qui dirige le CECOS de Cochin), nous étudions le désir de grossesse et le désir d'enfant de certains couples dont l'homme est une femme transformée en homme et qui, une fois cette transformation effectuée et une fois acquise la modification d'état civil qui s'y attache, s'inscrivent alors dans une démarche de demande de procréation par don de sperme.

Certains enfants sont d'ores et déjà nés de ces couples, et leur devenir demande étude et réflexion, étude et réflexion dont les résultats préliminaires seront ici présentés.

À quoi rêvent ces femmes devenues hommes et pères ?

Question en quelque sorte vertigineuse et qui commence seulement à se poser aujourd'hui mais qui, *via* la thématique du pénis ou du phallus, les engage non seulement eux-mêmes en tant qu'individus, mais engage aussi leur couple et les éventuels enfants qui en naissent ou qui en naîtront.

LE PHALLUS EN QUESTIONS

par Philippe GRIMBERT

Dirait-on « les hommes » si l'on ne pensait « les femmes » ? Dirait-on : « À quoi rêvent les hommes ? » si l'on ne se demandait : « À quoi rêvent les jeunes filles ? » ou si l'on ne faisait référence à la fameuse question : « Que veut une femme ? » Cette interrogation sur le mystère du désir féminin, Freud l'a formulée il y a plus d'un siècle, mais elle insiste. Ce que l'inventeur de la psychanalyse a appelé « le continent noir de la sexualité féminine » reste aujourd'hui encore énigmatique et fait oublier aux hommes que la question se pose, avec la même acuité, aux femmes elles-mêmes. Si nous voulons bien croire, avec Napoléon, que « l'anatomie, c'est le destin », alors la différence des sexes demeure pour nous la question essentielle, déterminés que nous sommes par notre appartenance à l'un ou à l'autre et toujours amenés à nous situer par rapport au sexe opposé. La sagesse populaire dispose d'images simples pour s'exprimer sur ce propos : du positif opposé au négatif, du plein opposé au creux, avec toutes les métaphores savantes ou prosaïques qui en découlent, dont le yin et le yang, l'animus et l'anima, le doigt et l'anneau, les prises mâle et femelle, le tenon et la mortaise, etc. Autant de représentations qui laisseraient rapidement supposer qu'à la complémentarité physique s'associerait logiquement une complémentarité psychique, avec en corollaire cette idée toujours vivace qu'un rapport, en quelque sorte mathématique, pourrait s'établir entre les deux sexes.

C'est cette illusion que Lacan a dénoncée avec son fameux aphorisme : « Il n'y a pas de rapport sexuel. » Il ne suppose pas, comme on pourrait naïvement le penser, un monde peuplé de nonnes et d'anachorètes à qui la chair ferait horreur, mais fait part d'une impossibilité : celle de mettre les deux sexes en équation. Certes, comme souvent chez l'auteur des *Écrits*, la formule prête à équivoque, mais le terme « rapport » ne porte-t-il pas en lui-même cette équivoque, que Lacan n'a fait que souligner ? En nous affirmant qu'il n'y a pas de rapport homme-femme quantifiable, il met à mal un grand nombre de présupposés, parmi lesquels la complémentarité – sur le modèle de l'androgyne cher à Platon –, ou l'équivalence, quand elle voudrait se réduire à la formule : « homme = femme ». Non, « homme » n'égale pas « femme » et l'« égalité des sexes », évidente avancée sur le plan social, n'en recouvre pas moins un fantasme, au même titre que l'idée de fusion. Ne faire qu'un ! Il faut cependant se réjouir de la persistance de cette illusion vieille comme l'humanité, sinon le merveilleux et nécessaire malentendu qui prélude à la rencontre amoureuse n'aurait aucune chance de se produire.

Un malentendu ? Probablement, si l'on pense, par exemple, que la jouissance du partenaire reste énigmatique pour chacun des deux sexes et que les représentations qui l'accompagnent demeurent le plus souvent confinées au plus intime de la fantasmatique individuelle. Tel homme pourra s'imaginer au moment ultime fécondant la délicate et fraîche fleur offerte de sa compagne au moment exact où celle-ci, qu'il croira pourtant synchrone à son fantasme, se verra subir des assauts sauvages dans une moiteur tropicale ! Sans aller jusqu'à forcer le trait à ce point, on pourra avancer que si les corps s'emboîtent sur le modèle des métaphores précédemment citées, si en effet les anatomies des deux sexes se complètent, leurs deux univers fantasmatiques, en revanche, sont loin d'être superposables.

Une autre question a elle aussi donné naissance à bien des malentendus : le fameux « primat du phallus », institué par Freud. Contrairement à ce que l'on pourrait croire, ce concept ne privilégie pas le mâle et ne fait pas davantage de lui un primate qu'un primat (au sens « primat des Gaules ») ! Qu'il soit porteur d'un pénis, attribut qui évoque ce signifiant majeur, alors que la femme en est dépourvue, peut faire penser que l'homme est plus directement concerné par la dimension phallique que sa compagne, réduite quant à elle au *Penisneid*, l'envie du pénis, maladie infantile qui lui passerait au moment de son accession au statut d'épouse et de mère. C'est ce qui a longtemps laissé croire au représentant du sexe dit fort que lui seul aurait à se confronter aux enjeux du pouvoir, de l'autorité ou de la conquête. L'évolution des mœurs, bien que balbutiante au regard de l'histoire de l'humanité (et encore circonscrite à une mineure partie du globe), change néanmoins la donne. La réussite et l'ambition des femmes dans des domaines autrefois réservés aux hommes ne peuvent laisser ces derniers indifférents et font souvent vaciller leurs certitudes. Nombre de magazines (féminins, pour la plupart) se font régulièrement l'écho de ce phénomène et évoquent le malaise grandissant d'une population mâle en quête de nouveaux repères : déprimat du phallus ! Si jusqu'alors il paraissait évident aux hommes que la flèche phallique indiquait une direction à eux seuls destinée, il leur faut aujourd'hui envisager les choses autrement car un brouillard givrant a recouvert cette dimension, perturbation propice à tous les aveuglements et à tous les dérapages : frimas sur le phallus !

Mais y a-t-il vraiment quelque chose de nouveau sous le soleil ? Cette avancée en matière d'égalité des sexes n'est-elle pas simplement une levée du refoulement sur un aspect singulier de la différence des sexes ? Une dimension que les hommes, dans leur immense majorité, ne voulaient ni ne pouvaient envisager : en ce qui concerne la question du phallus, les deux sexes sont logés à la même enseigne. Les lecteurs de Freud oublient facilement que le père de la psychanalyse, qui fut taxé de machisme et de phallocentrisme, avait pourtant pointé une évidente supériorité de la femme sur son compagnon, elle seule possédant anatomiquement les deux sexes, le féminin bien évidemment mais aussi le masculin, fût-ce en réduction. Et Lacan, quant à lui, nous a confrontés à une autre énigme, qui opacifie encore la question « que veut une femme ? » évoquée plus haut. En effet, si l'on suit sa logique lorsqu'il affirme – après Hegel – que « le désir de l'homme, c'est désir de l'autre », on aboutit à ce constat troublant : originellement, quel que soit notre sexe, nous avons tous réglé notre désir sur celui d'une femme.

LE SPERME AU GRAMME : DE QUOI EN PRENDRE DE LA GRAINE

par Jean-Paul CARMINATI

Ah que c'est drôle un titre comme ça, il n'y a pas à dire, ces psys ou ces gens qui sont passés par là (ou par ici), par les lucidations des lapsi, ils ne peuvent pas s'empêcher de faire des jeux de mots, de bergamots, de Bergamo – tiens, le voilà, lui, c'est un nom propre : *Bergamo*. C'est le nom de ma marionnette dans mon travail de romancier, mon double tel que resté figé dans l'épreuve et qui se débat pour s'en sortir sous ma plume narquoise d'après-coup (j'aurais pu aussi l'appeler *Nartrag*, pour les connaisseurs), ma plume qui le décrit englué comme un pauvre spermatozoïde confiné dans un tube à essais.

Car voici ce qu'on lui met sous le nez un jour par la poste, à Bergamo, sous les yeux et les oreilles : 99 % de ses spermatozoïdes sont anormaux. Tête trop petite ou trop mince, acrosome absent ou mal formé, base anormale, flagelle enroulé sur lui-même et autres termes inquiétants décrivant une armée inapte à l'exercice, exemptée de combat, tout juste bonne à passer le temps à l'infirmerie, si ce n'est à la commission de réforme pour dégénérescence définitive.

On refait l'examen plusieurs fois : même constat. Ça s'appelle un mauvais spermogramme. De quoi se tirer une balle, si l'on y réfléchit – pas trop s'y réfléchir, justement, dans ce miroir scientifique. Se réfléchir dans un « flagelle enroulé » ? Étranglement assuré ! Dans une « base anormale » ? Effondrement programmé ! Dans un « acrosome absent » ? Il n'y a pas d'acrosome au numéro que vous demandez. Il n'y en a jamais eu.

Bergamo désire, bande, éjacule et jouit apparemment normalement, et tout ce sperme au gramme, au milligramme, au microscope à balayage, ne lui ressemble pas. Pourtant c'est le sien. Il lui faudra faire le deuil de ce qu'il surnomme affectueusement les « petits messieurs ».

(Questionnez autour de vous les hommes, les mâles : « Que représentent pour vous vos spermatozoïdes ? » Ils vous répondront certainement : « C'est moi en tout petit ! » Confusément, l'image de joueurs de football leur apparaîtra : un seul marquera le but, porté par les autres qui s'agitent. Et si les autres ne s'agitent pas suffisamment, sont trop éclopés pour ça, la *défense* adverse ne pourra pas être *pénétrée*.)

Revenons à l'affreux miroir : voilà, Bergamo, c'est ça, ta descendance, imbibe-toi bien du constat scientifique : des spermatozoïdes dégénérés, que la Science va quand même utiliser pour te fabriquer des enfants dont elle ne te garantit d'ailleurs pas que les mâles seront fertiles (manière de refiler le mistigri à la génération suivante), mais qu'importe : effectue le prélèvement dans le gros tube et laisse-le sur la petite étagère, le biologiste s'en emparera pour en sélectionner les meilleurs éléments, les qualifiés pour la grande finale.

(Décidément, ce fichu football, *c't'utérin de foutre*, insiste – est-ce à cause de *Zizou*, notre *Zizou national*, celui qui va droit au but ? Mi-temps.)

On ne te dira jamais, Bergamo : « Prends ton pied ! » Non, mais : « Veuillez effectuer le prélèvement. » On te laissera seul. Ta femme ? Pourquoi ta femme ? Tu ne peux pas te le prélever tout seul, le prélèvement ?

Pas si facile. Triste, même. Déplaisir solitaire. Dépressif.

À quoi tu rêves, là ? À la libération de la Femme ? Au progrès de la Science ? Tu es officiellement dépossédé du coït fécondant. Ça doit bien laisser une trace, et tu t'interroges : laquelle ? Un roman, peut-être ?

Tu l'appellerais *Descendance*, ce roman.

Le tube est emporté, et maintenant tes petits messieurs sont entre les microscopes des biologistes, qui les acoquinent avec quelques œufs prélevés sur ta femme pour former des embryons, *vos* embryons (tu le crois, sans penser qu'ils se soient trompés de tube, comme cela arrive parfois). Vos embryons, tu les imagines déjà comme de minuscules bébés. C'est comme ça, c'est automatique, ça se déclenche, ils flottent en l'air au-dessus de vous et vous regardent comme des petits anges. Ils vous ressemblent, à toi et ta femme. On a beau te dire que ce ne sont que des amas cellulaires, te montrer des photos de cercles concentriques translucides accolés, votre vision de la chose est plus forte que la Science : c'est déjà l'enfant. C'est plus qu'un rêve. C'est la réalité. Et puis, comme tu ne peux pas rêver sur le coït fécondant, tu passes tout de suite au produit fini.

Tu es un homme libéré. Tu participes au progrès technique et te réjouis de l'égalité des sexes. Mais tu te demandes aussi ce que tu fous là. Et qu'est-ce que tu *fous*, là ? Tu fous un tube à essais gradué. C'est tout. C'est... dégraduant.

Ta femme, elle, rêve au biologiste. Alors tu t'aperçois que vous êtes entrés dans un processus de cocufiage. De ton cocufiage. Le père biologique (si cette expression a un sens), ce sera toi, bien sûr ; mais le père symbolique, ce sera le biologiste. (Pour toi, je l'ai appelé *Benveniste*, dans le roman. Le *professeur Benveniste*. C'est un clin d'œil à la langue.)

Comme elle le regarde, Benveniste, ta femme... les signes ne trompent pas. Linguistiques surtout. Cela sera grâce à lui, à l'autre en blanc, là, l'espèce de Saint-Esprit, qu'elle sera grosse. *C'est lui qui la lui mettra*. La quoi ? La graine, l'embryon ? Pas seulement. La queue ? Oh ! Quelle horreur ! Cela ne serait pas déontologique !

Alors quoi ? La vie.

Tu es bien beau, là-dedans, l'apporteur de graine. Tu as beau te réjouir de l'égalité des sexes, faire la cuisine et la vaisselle, tu sais bien qui est le père d'Amandine.

Alors tu vas baiser frénétiquement ta femme, comme pour recouvrir l'insémination, faire comme si c'était toi, et pas le médecin, à l'origine de la grossesse future. En tout cas, qu'il y ait un doute. Le père n'est-il pas toujours incertain, présumé ? Même si tu sais que toutes ces copulations ne tombent pas vraiment dans les périodes fécondes. Ça n'a rien à voir. C'est un geste archaïque. Voilà à quoi tu rêves : reprendre le pouvoir.

Pas mort, le macho ! Au plus intime de ta dépossession, tu reprends du poil de la bête. À bons entendeurs sur le retour de bâton qui se profile à force de mettre en scène et d'affirmer le culte de l'indifférenciation sexuelle – mais passons le ballon plus avant.

Et voici : elle n'est pas enceinte, ça ne s'accroche pas. Plusieurs fois. Tu es ambivalent. Le médecin ne t'a pas détrôné auprès d'elle, mais ta descendance ne vient pas et c'est aussi de ton fait, à cause de tes petits messieurs en déroute.

Et voilà qu'elle est devenue comme folle, coincée dans cette machine à fabriquer des fausses couches. Alors à quoi rêves-tu ? À l'égalité des sexes ? Certainement pas. Là, il n'y en a pas. Tu ne rêves plus et tu poses un acte. Tu fondes. Tu dis : « Ça suffit, tu ne seras pas mère comme ça, et moi je ne me reconnais pas dans ce rôle de fournisseur de sperme. Je ne suis pas le père de cet éventuel enfant à venir qui plane au-dessus de nous dans des limbes d'azote liquide. »

Comme un titre de Duras, mais au masculin : « Détruire, dit-il. »

Elle a accepté la maternité autrement. Autrement que par la grossesse obsédante. Tout un roman. Ah ! Tiens ça tombe bien, ça, un roman au sujet du deuil des embryons dans et après la procédure d'assistance médicale à la procréation. Entre autres deuils sympathiques.

Ça tombe bien, il est là-bas, sur le présentoir, ce roman.

Et là, Bergamo, que vois-tu, vers la fin ? Ce que tu savais déjà et que tout le monde sait. Que les coïts sont insuffisants en tant que tels à fonder la filiation comme rapport de répétition et coupure entre les générations. Que si, la plupart du temps, la filiation, la

Loi, se déploie au travers du coït pour s'imposer comme *naturellement*, comme si l'ensemble coït-gestation-accouchement suffisait à créer la parenté, la parenté est en réalité disjointe, et de tout temps *instituée*. Et pas besoin d'aller étudier les tribus étranges pour cela. Chez nous, il y a peu, avant le test ADN, le père était toujours incertain, désigné par les noces ou par un acte de volonté. Il *reconnaissait* des enfants comme siens. Il y avait des *légitimes*, (reconnus) et des *naturels* (non reconnus), venant pourtant du même ADN masculin. Quant à la mère… le fameux jugement de Salomon, relaté dans la Bible, en dit toujours ceci : deux femmes se disputent la filiation d'un nourrisson. Salomon s'empare du bébé et fait mine de le couper en deux pour les satisfaire : chacune en aura un bout, que demande le peuple ? L'une des femmes implore aussitôt de donner le bébé à l'autre, « pour qu'il vive ». C'est celle-là que le roi désignera comme la mère de l'enfant. L'avait-elle porté ? On en sait rien. Celle qui le préfère *vivant à une autre* plutôt que *mort et à soi*, sera dite la mère. L'autre, qu'elle en ait accouché ou non, pourra aller se rhabiller. Il ne suffit pas d'accoucher pour être une mère humaine. Être mère, c'est accepter que la Nature soit régie par la Loi. Que le cordon soit coupé, et par un autre. Royal, non ? Fondateur.

On voit bien là en quoi la volonté d'assimiler, *coûte que coûte*, la filiation à la génétique est déshumanisant. C'est une « conception bouchère de la filiation », selon le mot de Pierre Legendre. On naît que des morceaux de viande à traçabilité parfaite. C'est nazi. C'est de l'enfermement narcissique, du face-à-face mortifère avec le flagelle enroulé et l'acrosome absent dégénérant en droit quasi divin de martyriser et infliger l'inceste au nom du mythe des « liens du sang ». Pourtant... pas besoin des « liens du sang » pour infliger l'inceste, puisque l'inceste n'est pas *biologique*, mais *généalogique*. Mais la confusion des places et l'exogamie sont un autre débat... qui prendrait trop de place ici.

Ah oui ! C'est bien sa fête, à Bergamo, l'homme au sperme déglingué. Il a beau aimer l'égalité des sexes, trouver qu'à incompétence égale, une femme est plus agréable à regarder qu'un homme, faire la vaisselle et changer la couche du bébé, il se félicite d'avoir pu sauver l'essentiel. La capacité à fonder.

Et là, biologistes, saintes et apôtres du *politically correct*, pardonnez-moi, comprenez qu'il s'agit d'une métaphore, et pas à prendre au pied de la lettre : l'essentiel, pour un homme, ce n'est pas d'avoir des couilles, mais de les acquérir.

« … ARRIVER À L'ENDROIT D'OÙ NOUS SOMMES PARTIS, ET CONNAÎTRE LE LIEU POUR LA PREMIÈRE FOIS… »

par Jean Claude AMEISEN

> « La fin est l'endroit d'où nous partons…
> Nous n'aurons de cesse d'explorer
> Et la fin de toutes nos explorations
> Sera d'arriver à l'endroit d'où nous sommes partis
> Et de connaître le lieu pour la première fois. »
>
> T. S. Eliot, *Four Quartets*.

Aussi loin que je remonte dans ma mémoire, il y avait les questions. Pourquoi les étoiles brillent dans la nuit noire ? Où s'enfuit la mer quand elle se retire ? Pourquoi les bourgeons reviennent à chaque printemps, et les feuilles, et les fleurs ? Où est l'arbre dans la graine ? Est-il déjà là, prêt à apparaître, ou lui reste-t-il encore à s'inventer ? D'où vient le vent, la foudre, et le feu qui change le bois en cendre, et disparaît ?

« Παντα ρει…, me répondait mon père, … tout coule… rien ne se crée, rien ne se perd, tout se transforme… » Mais pourquoi ? Et comment ? Et en quoi ? Où finit le même et où commence l'autre ? Quand cesse la variation et quand naît la nouveauté ? Est-ce que la nouveauté disparaît si je deviens capable de la prédire ? Et qu'est-ce que le hasard ? L'ombre de mon ignorance ? Ou une incertitude plus profonde qui palpite, au cœur du monde, en pleine lumière ? Y a-t-il plus d'avenirs possibles que je ne pourrai jamais en imaginer ? Comment se fait-il que je pense, rêve, et vive ? Et pourquoi faudrait-il que je meure un jour ?

Il y avait le tremblement et le temps suspendu des questions. À la recherche de l'empreinte de l'invisible dans le visible, de l'empreinte du passé dans le présent.

Mais il y avait aussi l'évidence de ce qui était. La splendeur de la réalité. Le secret de sa présence, étrange et familière, que ni les questions ni les réponses ne pouvaient épuiser. Il y avait l'odeur de l'herbe après l'orage, le crissement des pas sur la neige, le parfum de ma mère et le chant de sa voix, le regard de mon père, et le mystère sans fin des histoires qu'il racontait la nuit pour nous endormir. Il y avait l'odeur du papier, du bois de la bibliothèque, la texture des pages des livres ouverts sur la jungle, les voiles gonflées de vent, et la voix de nulle part, la voix de l'auteur qui devient ma voix dans la chambre où glisse la lumière de l'aube, dans le silence, le bruissement des arbres, ou le choc des épées sur les boucliers de bronze.

« Que nous soyons, dit Philip Roth, et que cela soit : inexplicable et évidence. »

Le secret n'était pas seulement dans la présence, ni dans le temps suspendu des questions. Il était dans le monde changeant qui nous faisait renaître et que nous faisions renaître chaque matin. Le secret était dans le devenir.

« Nous naissons avec les morts :
Regarde, ils reviennent, et nous amènent avec eux. »

T. S. Eliot, *Four Quartets.*

Il y avait l'absence. Ma famille disparue, les survivants aux quatre coins du monde. Ma grand-mère qui traversait l'océan en bateau, chaque été, pour nous rejoindre. Mon grand-père que je croisais parfois, sur le chemin de l'école. Un vieil homme qui hésitait à l'angle d'une rue, et qui ressemblait au tableau qu'avait peint ma mère. Fallait-il aller à sa rencontre, l'aborder, lui parler ? Fallait-il le prendre par la main et le ramener chez nous ?

Ma mère me dit un jour que je ne le connaîtrais jamais. Qu'il était mort à Mathausen. Le nom se mêla en moi aux noms des cités antiques et des villes modernes : Mathausen, New York, Jéricho, Plaszow, Cuzco, Babylone, Birkenau, Florence, Thèbes… Le soir, dans la cuisine, avant le dîner, ma mère me racontait sa fuite sans fin dans le labyrinthe de la guerre, et j'entendais le souffle du Minotaure qui la poursuivait dans l'obscurité. Comment réconcilier dans un même souvenir le sourire doux de ma mère et l'image des enfants fracassés sur les murs de la classe où elle leur avait appris à lire ? Comment apprivoiser la nuit et le silence ? Comment vivre l'absence ? J'ai appris de ma mère que l'on pouvait mêler aux rêves brûlés des rêves nouveaux et retisser dans les cendres la promesse de l'aube. Que l'on pouvait reconstruire sans oublier. Se séparer sans abandonner. Être accompagné par ceux qu'on ne pouvait plus accompagner. Mais aussi qu'« il y aurait toujours » comme le dit Jorge Semprun dans *L'Écriture ou la vie* « cette neige dans tous les soleils, cette fumée dans tous les printemps ».

Le monde disparu que ma mère portait en elle, et dont elle renaissait et nous avait fait naître, je le vivais à la fois comme origine et comme exil. Comme nostalgie et comme révolte. Comme déchirure et comme retour. Comme réalité et comme rêve. Ce monde disparu se mêlait en moi à la tribu des âmes qu'emportait Chingachgook, le Dernier des Mohicans, au père inconnu que Kim recherchait à travers les Indes, à Maria et Pilar que Robert regardait s'enfuir pendant que la mort montait vers lui, à Pénélope et Télémaque vers lesquels Ulysse n'en finissait pas de revenir.

Ceux qui avaient un jour écrit ces livres qui m'emportaient avaient disparu depuis longtemps. Ils traversaient le temps. Ils avaient parlé à d'autres, avant moi. Et ils me parlaient soudain, pour la première fois.

Le secret était dans le dialogue silencieux des vivants avec les morts. Le secret était dans la présence des morts.

> « Qui est la troisième personne qui marche toujours à tes côtés ?
> Quand je compte, il n'y a que toi et moi ensemble,
> Mais quand je regarde plus loin sur la route blanche,
> Il y a toujours une autre qui marche auprès de toi...
> – Mais qui est-ce de l'autre côté de toi ? »
>
> T. S. Eliot, *The Waste Land*.

J'ai découvert un jour, par hasard, qu'une autre, au loin, marchait auprès de nous.

Ma mère avait connu mon père à Paris, après la guerre où il avait combattu et été fait prisonnier. Je connaissais tout de leur histoire. Mais de combien de silences est fait un passé familier ?

J'ai appris un jour que la venue de ma mère avait été, pour mon père, une forme de retour. Le retour de sa première femme disparue à Auschwitz d'où revenait ma mère sans la connaître. J'imaginais mon père comme Orphée remontant des Enfers, Eurydice sur ses pas, ma mère à ses côtés. Je me demandais s'il s'était retourné.

> « Il y a dans ce monde nouveau tant de gens
> Pour qui ne sera jamais plus naturelle la douceur
> Il y a dans ce monde ancien tant et tant de gens
> Pour qui toute douceur est désormais étrange
> Il y a dans ce monde ancien et nouveau tant de gens
> Que leurs propres enfants ne pourront pas comprendre
> Ô vous qui passez
> Ne réveillez pas cette nuit les dormeurs… », demande Aragon dans sa *Chanson pour oublier Dachau*.

Mes souvenirs se transformèrent en énigme. Je remontais le temps à contre-courant vers des origines où je me perdais. Je me découvrais un passé différent, un début avant le début. Une réalité étrangère à celle que j'avais faite mienne. Je rêvais que j'avais été rêvé par une femme que je ne connaîtrais pas et qui ne me connaîtrait pas. Une mère surgissait, qui n'était pas ma mère, mais qui aurait pu – aurait dû – l'être. Je me voyais naissant, une première fois, avant la première fois. Sans ma mère, avec ma mère, mon père toujours là, mais que signifiait cette autre mère si elle n'était pas la mienne, et si je n'étais pas moi ?

Chaque certitude désormais serait mouvante, provisoire, ouverte, inachevée. Et la réalité changerait de nature. Elle serait plus inquiétante. Mais plus vaste, aussi, plus riche et mystérieuse. Jamais entièrement révélée. Toujours à réinventer. À rêver. À imaginer. À reconnaître et à faire mienne, à chaque fois, pour la première fois. Apparut alors la sensation que j'apprendrais sans cesse mais ne saurais jamais. Et que ce sentiment n'épuiserait jamais mon désir de comprendre.

Il fallait essayer d'approcher au plus près la réalité. Sans la faire fuir, ni l'étouffer. Préserver sa vibration dans le silence. Son ombre dans la lumière. Et garder vivante en moi la part d'incertitude et d'inconnu sans laquelle elle se transformait en illusion. La réalité était multitude : une autre, au loin, toujours, marchait à ses côtés.

> « Rien ne devient jamais réel tant qu'on ne l'a pas ressenti. »
>
> John Keats.

Je me souviens des empreintes de main en couleur sur les parois de grottes, des outils de silex taillé, des sépultures et des masques funéraires, traces dans la matière des rêves de nos ancêtres. Je me souviens de la lumière qui coulait sur les visages comme de l'eau ; du vertige des cercles qui tournaient dans les ciels et les champs ; des regards vibrants et tremblants comme des flammes. Je me souviens de mon émerveillement devant ces tableaux dans les grandes salles des musées que ma mère me faisait découvrir. Devant les statues qui n'en finissaient pas d'émerger de la matière. Les mobiles, dans les jardins, offerts au vent qui les emportait, et les faisait vivre et mourir et renaître. Et il me semble, aujourd'hui, que je n'ai jamais vraiment fait de différence entre comprendre et ressentir. Entre émotion et raison. Entre la part de l'art et la part de la science. Entre la part du rêve et la part de la réalité.

L'homme et la femme au travail

Un maître, à l'école, me montra comment la géométrie, les lois de la perspective et l'harmonie des proportions construisaient et révélaient le mystère des peintures de la Renaissance italienne ; mais elles n'étaient rien sans la douceur des regards et la magie des couleurs. Je pouvais comprendre ce que je ressentais. Et ressentir ce que je comprenais. Je pouvais aller de l'un à l'autre. Et ne jamais cesser d'explorer. Mais le véritable bonheur était dans l'émotion. Quand la géométrie devenait invisible. Ombres et lumière mêlées, mouvement dans le silence : la présence vivante du visage de *La Scapiliata.*

Je découvrais d'autres constructions secrètes dans l'enchantement de la musique et de la poésie. La science elle-même était source d'émotions. L'asymptote qui s'approchait de plus en plus de l'ordonnée, la frôlant sans jamais la rejoindre, comme un écho à la flèche de Zénon qui n'en finissait pas d'atteindre sa cible. Le vertige du nombre π qui se dévoilait sans fin de décimale en décimale, révélant le secret des cercles à jamais imparfaits. Les fonctions, où tremblaient, entre des chiffres et des lettres, la course sans commencement ni fin d'un point au long d'une courbe. La suite de Fibonacci, qui débute par 0 puis 1 et où tout nouveau nombre est la somme des deux précédents : 0, 1, 1, 2, 3, 5, 8, 13, 21, 34, 55..., qui rendait compte du nombre de spirales que forment, dans un sens et dans l'autre, les graines au cœur de la fleur de tournesol et le long de la pomme de pin... Les équations qui faisaient émerger d'autres formes innombrables de spirales dans la nature, des tourbillons d'eau aux coquillages, des nuages aux fleurs... D'autres équations encore qui brisaient l'uniformité de la matière et du vivant, faisant émerger des dunes sur le sable, des taches sur les léopards, et les premières ruptures de symétrie dans l'embryon en train de se construire... Et les couleurs. La couleur bleue était-elle bleue, ou était-ce notre manière de percevoir la lumière ? La lumière était-elle bleue quand personne ne la regardait ?

Il y avait le voyage silencieux des planètes dans le vide. Les métamorphoses de la matière. La splendeur du vol des oiseaux, des dessins sur les ailes de papillon, des fleurs qui se ferment le soir, et des tournesols qui voyagent avec le soleil. Le mystère de leur naissance. De leurs origines. De leurs filiations. Se pouvait-il que les fleurs et les oiseaux aient eu un jour les mêmes parents ? Et que signifiait cette question ?

Mon père me répétait en souriant les mots d'Einstein : « Ce qui est incompréhensible, c'est que l'univers soit compréhensible. » Ou encore : « La plus belle chose dont nous puissions faire l'expérience est le mystère – la source de tout vrai art et de toute vraie science. »

L'Univers était-il immuable et inchangé depuis sa naissance ? Ce qui était beau et vrai aujourd'hui, dans ce que je découvrais, l'était-il depuis l'origine ? La course des étoiles à travers le ciel, la chatoyante diversité des animaux et des plantes, la variété des climats, la succession infinie de naissances, de croissances, d'enfantements et de morts qui scande la généalogie des êtres vivants célébraient-elles un éternel présent, ou un éternel recommencement ? Ces instants que je vivais et qui se transformaient en souvenirs, ces ruines des villes à jamais disparues, ces langues mortes, ces civilisations dont seules des inventions, des sculptures, des tableaux et des livres nous parvenaient, dont la tradition n'était qu'orale ou dont l'écriture nous était illisible, représentaient-ils la seule dimension historique, la seule part de singularité et de contingence dans la marche de l'univers[1] ?

Je découvrais que l'ensemble de l'univers avait une histoire. Que, depuis son origine, l'univers était émergence, transformation, changement – métamorphose. Qu'il s'était construit et avait évolué à partir d'interactions entre des composants élémentaires de la matière, à partir d'un mélange de hasard et de contraintes, liées aux relations de causalité auxquelles on donnait le nom de lois de la nature. Je découvrais la science moderne en train de (re)découvrir, près de vingt siècles après le *De Natura Rerum* de Lucrèce, que l'univers et le vivant avaient émergé et évolué en dehors de tout projet, de toute intentionnalité et de toute finalité. « Car ce n'est pas par réflexion, ni sous l'empire d'une pensée intelligente », écrivait Lucrèce, que les atomes ont su occuper leur place ; ils n'ont pas concerté entre eux leurs mouvements. Mais comme ils sont innombrables et mus de mille manières [...] et qu'ils s'abordent et s'unissent de toutes les façons pour

1. « Nous vivons dans l'oubli de nos métamorphoses... », Paul Éluard, *Le Dur désir de durer*.

faire incessamment l'essai de tout ce que peuvent engendrer leurs combinaisons, il est arrivé qu'après avoir [...] tenté unions et mouvements à l'infini, ils ont abouti enfin aux soudaines formations massives d'où tirèrent leur origine ces grands aspects de la vie : la terre, la mer, le ciel, les espèces vivantes. »

Le vivant était nature, et la nature, *natura*, littéralement « ce qui est en train de naître ». Cela faisait trois à quatre milliards d'années que le vivant était en train de naître. Faisant émerger, selon les mots de Charles Darwin, « à partir d'un début si simple », le foisonnement « sans fin des formes les plus belles et les plus merveilleuses ». La vie – comme ma vie – était émergence et devenir. Et jusqu'à aujourd'hui, la vie – comme ma vie – n'avait jamais cessé, n'avait jamais disparu, ne s'était jamais interrompue. La vie, en tant que telle, n'était jamais morte.

Mais je savais aussi que cet extraordinaire voyage à travers le temps et cette longue succession de métamorphoses qui m'avaient un jour fait apparaître s'étaient déroulés sur un fond incessant de catastrophes et d'hécatombes. La trame de la continuité de la vie était tissée d'innombrables discontinuités : d'une succession de fins de monde dont j'étais, et dont nous étions, avec tous les êtres vivants qui nous entourent, les seuls témoins et les seuls rescapés.

DU GOLEM À PINOCCHIO

par René FRYDMAN

Selon la Genèse (II, 5.14), la création du monde se fit en six jours. Au cours du dernier jour Iahve Elohim forma l'homme, poussière provenant du sol, à laquelle il insuffla en ses narines une haleine de vie. Et l'homme devint âme vivante.

La création de l'homme par l'homme, masculin à masculin, hante certains esprits car, si la parthénogenèse (reproduction à partir d'un ovule non fécondé) existe dans certaines espèces animales (abeille, puceron, lapine), il n'y a pas de reproduction à partir de spermatozoïde sans ovocyte.

Le mythe du Golem est moins connu que celui de Pinocchio. Il est cependant plus fondateur. En effet, le conte met en scène le vieux Gepetto, lequel anime un bout de bois et s'assure ainsi d'un fils sans femme. Ce conte insiste davantage sur la conduite morale du petit garçon (les conséquences du mensonge) que sur le processus de création. Cependant, c'est une création, certes d'un enfant et non pas d'un bébé, mais bien différent des autres homocréations qui sont d'emblée des adultes, des alter ego.

Le Golem serait une créature humaine créée par le rabbin Löw, dit le Maharal de Prague, dont la tombe à Prague est aujourd'hui encore visitée et ce, depuis 1613 dans ce fabuleux cimetière juif hors du temps.

Il s'agit de pétrir de la glaise et de lui donner forme humaine et ensuite de lui insuffler la vie, pour cela il faut prononcer une formule kabbaliste et écrire sur son front le mot vie en hébreu, soit *emeth*. Aussitôt, la créature prend vie et devient un esclave docile pour le rabbin magicien qui pouvait lui commander les travaux les plus durs.

Pour transformer le Golem en une masse inerte, il fallait effacer sur son front le mot vie et le remplacer par le mot mort, c'est-à-dire *meth*. De là à constater que c'est la parole écrite qui donne vie et qui commande l'homme, on retrouve les principes de la tradition juive et de la tradition de la Kabbale, compte tenu du caractère ésotérique du secret.

Rabbi Yeouda Liva Ben Betsatel, dit le Marahal de Prague, venait chaque vendredi soir à la veille du shabbat pour donner la vie au Golem, jusqu'à la fin du shabbat. Un jour, il oublia de rendormir le Golem. Celui-ci rejoignit le grenier de la vieille synagogue de Prague et devint incontrôlable, presque fou, obligeant le rabbin à détruire sa propre créature. Bien que les formules magiques et le processus aient continué à être transmis clandestinement tel que le raconte le livre de Gustav Meyrink, publié en 1915. Cette légende a été reprise dans la littérature juive. Gershon Sholem raconte une autre variante de cette légende du Golem et de nombreux romans s'emparent de cette histoire.

Une approche plus « biologisante » est celle de Frankenstein dans le fantastique roman de Mary Shelley, dont la plume intrépide va, en 1818, créer un « homme » à partir d'un puzzle anatomique. Le docteur Viktor Frankenstein déterre les cadavres, assemble ou échange les pièces anatomiques défectueuses et donne l'étincelle de vie grâce à l'utilisation de l'électricité (tout récemment découverte) à un être qui va porter son nom, créature malhabile dans son corps, d'esprit relativement simplet et plutôt attendrissant, comme l'a si bien rendu Boris Karloff en 1931 dans le film de James Whale.

Dans ces exemples de création, la femme n'existe pas. Le désir de création de l'homme s'exauce alors sans la participation de la femme.

Cependant, la créature produite n'est pas tout à fait homme, elle est plutôt humanoïde et loin d'être parfaite. En tout cas, est évacuée la petite enfance dont l'homme seul serait bien en peine de s'occuper.

À la fin du XXe siècle, les choses changent dans les sociétés avancées, les hommes acceptent de s'occuper des enfants, assistent à la naissance des leurs, deviennent papas poules, en tout cas, il n'y a plus de honte à laisser apparaître une part de féminité sans perdre sa masculinité.

Par ailleurs, la reproduction asexuée progresse avec les techniques de PMA et puis, en 1997, une ligne rouge est franchie avec le clonage de la brebis Dolly. Dès lors, les « contes » modernes reprennent de l'essor : le clonage est le fantasme parfait de l'autoreproduction masculine certes un ovocyte hôte est nécessaire, mais à partir d'un noyau de 46 chromosomes, de n'importe laquelle de ses cellules un homme peut désormais envisager de se reproduire génétiquement seul, il peut se suffire à lui-même, en dehors de la gestation, mais on parle déjà d'utérus artificiel.

Créer un clone humain consiste à placer le noyau d'une cellule adulte (contenant 46 chromosomes) dans un ovule dont le noyau (de 23 chromosomes) aura été préalablement enlevé. Ainsi le patrimoine génétique (ADN) est transféré dans l'ovule et (par des mécanismes inconnus) retrouve un état embryonnaire qui va réamorcer tout le processus de développement. La première division de cet ovule fécondé survient quelques heures après le transfert du noyau (transfert nucléaire).

Le patrimoine génétique (génome du noyau) du clone est donc identique à celui du donneur, toutefois la cellule réceptrice, l'ovule, par le génome mitochondrial, contenue dans le cytoplasme influence d'une certaine façon l'expression des gènes contenus dans le noyau. Le rôle de ces facteurs cytoplasmiques est encore inconnu, si bien que l'on considère globalement que le clone ainsi obtenu, sans être une stricte copie conforme, comporte le même patrimoine génétique.

Une fois cette étape obtenue (reprogrammation et développement embryonnaire), il y a deux possibilités :

— soit l'embryon cloné de quelques jours est implanté dans l'utérus d'une femme afin d'aller au terme d'une grossesse et donner naissance à un enfant, c'est ce que l'on appelle le clonage reproductif ;

— soit l'embryon cloné est créé dans le but d'obtenir des cellules souches, lesquelles ont pour objectif de permettre un traitement médical (que l'on appelle le clonage thérapeutique).

Les raisons pour lesquelles il faut s'opposer au clonage reproductif sont pour l'essentiel au nombre de cinq. On peut les décliner *crescendo* :

— la première est qu'il n'y a pas de véritable nécessité : dans la mesure où il ne saurait être question d'expérimenter sur l'humain, la seule raison qui pourrait être alléguée serait une indication médicale pour les couples stériles. Or, pour un couple stérile désirant avoir un enfant, il existe aujourd'hui quatre possibilités alternatives : le don de sperme, le don d'ovocytes, le don d'embryon et l'adoption ; et nous ne connaissons pas un couple stérile qui ne puisse bénéficier d'au moins une de ces possibilités ;

— la deuxième raison est que nous n'avons aucun progrès scientifique à attendre de cette technique, par exemple, les connaissances concernant la part de l'inné et de l'acquis, autrement dit l'influence de l'environnement sur le patrimoine génétique qui peut être acquise par l'expérimentation animale, ce qui est d'ailleurs en train d'être fait. C'est ainsi que des expériences ont notamment montré qu'un clone n'est pas exactement identique à l'animal cloné, il n'en est pas, à strictement parler, le double génétique, puisque un chat cloné par exemple, peut avoir un pelage différent de son « original » ;

— la troisième raison est que cette technique représente actuellement un risque majeur. Les expériences sur l'animal donnent de nombreuses morts fœtales. Or, dans la médecine prénatale, telle que nous la pratiquons, il suffit que nous dépassions de 5 % le risque de telle ou telle anomalie pour que le couple informé nous pose la question de savoir s'il faut poursuivre la grossesse. Se lancer dans le clonage reproductif est donc une véritable loterie qui entrerait en totale contradiction avec toute notre démarche de précaution médicale ;

— la quatrième raison concerne l'enfant qui naîtrait de cette technique, qui serait en danger psychique du fait d'un risque d'aliénation majeure car il serait pris dans une sorte de prison mentale. En effet, tout enfant normal, même s'il est l'objet de la part de ses parents de diverses projections, dispose tout de même d'un espace de liberté, dans la mesure où il peut, du point de vue imaginaire, se constituer psychiquement entre l'un et l'autre. Or, ici, cet espace de liberté mentale n'existe plus et il pourrait avoir l'impression en regardant son « père » (s'il en est le clone) de voir son futur se dérouler devant lui. Ce sentiment de prédétermination, encore une fois paraît source d'une aliénation majeure. En tout cas, c'est un risque suffisamment fort pour, à lui seul, interdire cette pratique ;

— enfin, la cinquième raison, d'ordre à la fois éthique et idéologique, est que le clonage reproductif (comme le montre le discours délirant des raëliens, qui y voient, à tort évidemment, une façon d'atteindre l'immortalité) affirme un primat du biologique qui me paraît dangereux, parce qu'il ouvre la porte à toutes sortes de dérives : le fait de préférer ce qui vient de soi, plutôt que ce qui vient de l'autre exalte les idéologies qui supputent une supériorité innée de certains et ouvrent la voie à la hiérarchisation des êtres donc à la barbarie. Bien entendu, je ne me place pas du point de vue de l'individu ou d'un couple stérile qui fait une telle demande et dont il faut comprendre la souffrance, mais je me place du point de vue de la société, de ce qu'elle autorise. À cet égard le clonage reproductif paraît menacer gravement les valeurs essentielles par le renfermement sur soi qu'il implique. Si l'on devait définir le clonage reproductif, on pourrait dire que c'est un acte d'arrogance sans nécessité médicale.

Pour toutes ces raisons il faut s'opposer à la mise en œuvre de cette technique, c'est-à-dire en fait condamner fermement l'acte qui consisterait à transférer un embryon cloné obtenu en laboratoire dans l'utérus d'une femme dans le but d'un développement vers la naissance d'un enfant. Or, si l'on s'oppose à cet acte qui aboutit au clonage reproductif, il faut être conséquent, et l'interdire non pas dans tel ou tel pays, puisque l'on pourra toujours le faire dans un pays voisin ou plus lointain, mais au niveau mondial.

Il faut donc pénaliser le clonage reproductif de telle sorte que cette infraction relève d'une juridiction internationale dans la mesure où, comme le montrent nombre d'exemples de par le monde, on ne peut confier l'application de la législation internationale aux seules législations nationales. On est loin des contes et légendes oniriques.

Par ailleurs, des travaux récents dans le domaine animal laissent penser que l'obtention de gamètes mâles ou femelles à partir de cellules souches embryonnaires sera bientôt possible.

Il n'y a aucun obstacle théorique puisque les cellules souches sont à l'origine de toutes les autres et il y a déjà des travaux chez la souris qui permettent d'entrevoir cette transformation en cellules sexuelles.

Certes, la qualité des ovocytes ou des spermatozoïdes ainsi obtenus reste encore à préciser mais déjà il semble que les premières fécondations et les premières descendances chez la souris aient été obtenues.

C'est un véritable bouleversement. Mettons de côté les problèmes techniques qui risqueraient de se poser pour envisager d'emblée les conséquences, si le processus était correctement maîtrisé.

L'obtention de cellules souches immortalisées pourrait être conduite vers la formation de gamètes aussi bien mâles que femelles à partir d'un même noyau. Ainsi, à partir d'un même individu, on pourrait obtenir la formation de gamètes mâles ou femelles.

Ce yin et ce yang, féminin-masculin, pourraient enfin s'exprimer. « Un » se diviserait en « Deux » mais, de deux sexes différents.

Finalement cette technique serait-elle révélatrice de l'hermaphrodisme qui sommeille en tout un chacun ? Le double qui sommeille en chaque homme voit une raison de se réveiller.

Les hommes rêvent souvent de toute-puissance, d'immortalité. Les mythes vieux comme le monde puisent dans l'aventure scientifique de nouvelles tournures, mais expriment toujours le même penchant : la survalorisation du moi.

PRÉSENTATION DES AUTEURS*

Muriel FLIS-TRÈVES. Psychiatre-psychanalyste, attachée à la maternité de l'hôpital Antoine-Béclère. Enseignante à la faculté de médecine Paris-XI. Auteur du *Deuil de maternité* (Calmann-Lévy, 2004) et de *Bébé attitude* (Plon, 2005).

Irène DIAMANTIS. Psychanalyste. Auteur de *Les Phobies ou l'impossible séparation* (Flammarion-Champs, 2005).

André RAUCH. Professeur à l'université Marc-Bloch de Strasbourg, est spécialiste d'histoire culturelle, des loisirs et du sport. Auteur de *Le Premier Sexe*, (Hachette, 2000), de *L'Identité masculine à l'ombre des femmes* (Hachette Littératures, 2004).

Jean-Loup CLÉMENT. Psychologue. Lyon. Auteur de *Mon père, c'est mon père : l'histoire singulière des enfants conçus par insémination artificielle avec donneur* (L'Harmattan, 2006).

---

* Nous ne citons que quelques ouvrages des auteurs et cette liste n'est pas exhaustive.

Présentation des auteurs par ordre des chapitres dans le livre.

Diana Goldin BOUHSIRA. Psychanalyste. Membre de la Société de psychanalytique de Paris (SPP).

Henri ATLAN. Professeur émérite de biophysique Paris-VI et Jérusalem, directeur du centre de recherches en biologie humaine. Auteur de *La Science est-elle inhumaine ?* (Bayard 2002), *L'Utérus artificiel* (Seuil, 2005).

Boris CYRULNIK. Neuropsychiatre, éthologue, psychanalyste. Auteur de *Un merveilleux malheur* (Odile Jacob, 2001), *Parler d'amour au bord du gouffre* (Odile Jacob, 2005).

Christophe GIRARD. Adjoint au maire de Paris. Chargé de la culture. Auteur de *Père comme les autres* (Hachette Littératures, 2006).

Serge HEFEZ. Psychiatre, psychanalyste, thérapeute familial. Département de thérapie familiale. Service de psychiatrie de l'enfant et de l'adolescent. Hôpital de La Salpêtrière. Auteur avec Danièle Laufer de *La Danse du couple* (Hachette Littératures, 2002), *Quand la famille s'emmêle* (Hachette Littératures, 2004).

Sylviane GIAMPINO. Psychologue, psychanalyste. Auteur de *Les Mères qui travaillent sont-elles coupables ?* (Albin Michel, 2000).

Jacqueline REMY. Rédactrice en chef des services Société et débats de *L'Express*. Auteur de *Essaie encore* (Jean-Claude Lattès, 2005).

Bernard GOLSE. Chef du service de pédopsychiatrie à l'hôpital Necker. Professeur à l'université Paris-V. *L'École à 2 ans, une fausse bonne idée* (Odile Jacob, 2006).

Philippe GRIMBERT. Psychanalyste, écrivain. Auteur de *Évitez le divan* (Hachette Littératures, 2001), *Un secret* (Grasset, 2005).

Nicolas FARGUES. Écrivain. Auteur de *One Man Show* (POL), 2002, *J'étais derrière toi* (POL, 2006).

Jean Paul CARMINATI. Avocat, écrivain, lecteur sonore et fondateur des « Livreurs, lecteurs sonores ». Auteur de *Vice de Fond* (Jean-Claude Lattès, 2003), *Descendance* (Jean-Claude Lattès, 2006).

Jean-Claude AMEISEN. Professeur d'immunologie à l'université Paris-VII, faculté de médecine Xavier-Bichat, président du comité d'éthique de l'INSERM, membre du Comité consultatif national d'ethique. Auteur de *La Sculpture du vivant. Le Suicide cellulaire ou la mort créatrice* (Points, Seuil 2003).

René FRYDMAN. Professeurs des universités, Gynécologue-obstétricien, chef de service de gynécologie-obstétrique à l'hôpital Antoine-Béclère à Clamart *Dieu, la Médecine et l'Embryon* (Odile Jacob, 1997), *La Chimie féminine* (Odile Jacob, 2006).

TABLE

• • • SAGIM • CANALE • • •

Achevé d'imprimer en novembre 2006
sur rotative Variquik
à Courtry (77181)

Dépôt légal : novembre 2006
N° d'édition : 7381-1847-X
N° d'impression : 9759

Cet ouvrage a été composé et mis en pages
chez Nord Compo (Villeneuve-d'Ascq)

Imprimé en France

L'imprimerie Sagim-Canale est titulaire de la marque
Imprim'vert®